Con Amor Eterno

Kay Arthur

EDITORIAL

Vida

Dedicados A La Excelencia

La misión de Editorial Vida es proporcionar los recursos necesarios a fin de alcanzar a las personas para Jesucristo y ayudarlas a crecer en su fe.

ISBN 0-8297-0482-5

Categoría: Ficción / Alegoría

Este libro fue publicado en inglés con el título
With an Everlasting Love por Harvest House Publications

© 1995 por Kay Arthur

Traducido por Irene Cudich

Edición en idioma español
© 1996 por Editorial Vida
Deerfield, Florida 33442-8134

Segunda impresión, 1997

Ponme como un sello sobre tu corazón, como
una marca sobre tu brazo;
Porque fuerte es como la muerte el amor;
Duros como el Seol los celos;
Sus brasas, brasas de fuego, fuerte llama.

Cantar de los Cantares 8:6

Capítulo uno

*T*odo judío que no tenga esposa no es un hombre." Estaba escrito en el Talmud. Había que cumplir con ese precepto. Había llegado el momento de que su hijo, Josué, se desposara. Ya no podía haber más demoras. Shaddai caminaba por la habitación, diciéndose a sí mismo estas palabras en voz alta, mientras esperaba el regreso de Josué.

Si bien el sonido de las palabras en ocasiones se perdía entre sus barbas, cualquiera que lo observara se daría cuenta de que lo que estaba diciendo este patriarca, lo decía en serio. Su determinación estaba grabada en los surcos de preocupación que recorrían la envejecida piel de su rostro.

"Mi hijo ya ha llegado a la edad adulta. Pues bien, ¡hace mucho tiempo que se debería haber celebrado un contrato matrimonial! ¡Yo ya estoy viejo! Necesito nietos — razonaba en voz alta —. Además, si Josué no se casa, ¿quién hará que mi nombre trascienda? Sólo tengo un hijo . . . uno solo, mi Josué. ¡Ah, Josué, qué maravilloso hijo eres!"

Con ese pensamiento, Shaddai se detuvo abruptamente. Repentinamente una sonrisa le iluminó el rostro, disipando las nubes de su preocupación. El hecho de pensar en su hijo siempre le hacía sonreír, puesto que si bien Shaddai tenía un solo hijo, ningún hijo podía igualar a Josué. Incluso los hombres que se sentaban junto a Shaddai en las puertas de la ciudad estaban de acuerdo con él.

Nadie le discutía ni tampoco ponía en dudas sus palabras cuando decía: "Si todos los hijos de Israel fueran míos, no podrían igualar a mi Josué. Él es mi hijo, mi único hijo, con quien estoy sumamente complacido."

Cada vez que lo decía, no importa con qué frecuencia lo hiciera, a ellos no les quedaba otro remedio que asentir con la cabeza, puesto que también se hubieran sentido muy felices si Josué hubiera sido hijo de ellos. De un carácter impecable, dotado de una gran sabiduría, de una obediencia perfecta, era un hijo que siempre hacía las cosas que complacían a su padre. ¡Oh, sí, Shaddai era un padre que despertaba envidia, y él lo sabía!

Tal vez por eso me he tomado tanto tiempo en cumplir con mis tradiciones judías. ¡No puedo elegir una novia para Josué sin contar con su consentimiento! ¿Cómo podría encontrar una mujer que fuera la adecuada para alguien como Josué?, pensaba.

Ese pensamiento hizo que Shaddai comenzara a caminar nuevamente por la habitación mientras iniciaba un viaje mental a lo largo de las calles y las familias de la ciudad. ¡Debía encontrar una novia para Josué! Sintiéndose urgido por la idea, comenzó a caminar con mayor rapidez, deteniéndose cada vez que surgía en su mente el nombre de una joven virgen. No obstante, con cada nombre que se le ocurría, hacía un gesto de negación con la cabeza y comenzaba nuevamente a caminar. En su imaginación, Shaddai se detenía frente a la puerta de cada familia que tenía una hija virgen. Pero en todos los casos sacudía su cabeza, "¡No!", y con tanta fuerza que su barba oscilaba como un péndulo de hombro a hombro.

Una vez que finalizó su recorrido mental por todas las casas apropiadas de su ciudad, Shaddai recordó cómo había tratado este tema con los hombres con los que se reunía en la puerta. Cada uno de ellos quería tener el honor de que Josué fuera su yerno. No sólo el afortunado padre obtendría un gran honor para su hija, ¡sino que también recibiría una importante dote! Ninguna persona de la ciudad era más rica que Shaddai. Nadie recibía una admiración más genuina que este padre y su hijo. Sus vidas eran de una rectitud que nadie podía cuestionar, ni siquiera los que quizás les envidiaban. Quizás por ese motivo ninguno de los padres de la ciudad podía recomendar a su hija ni a ninguna otra virgen que conociera. ¿Quién podría estar a la altura de Josué? ¿Quién podría vivir en la casa de Shaddai, llevar su nombre y engendrar los hijos de su hijo? Con frecuencia se trataba el tema de conseguirle una novia a Josué e inclusive cuando los hombres pensaban en otras hijas de Israel provenientes de otras ciudades, realmente no podían pensar en quién podía ser la persona adecuada. Frecuentemente los hombres sacudían sus cabezas y decían: "¿Cómo puede la imperfección unirse a la perfección?"

Súbitamente, las preocupaciones que ocupaban la mente de Shaddai fueron interrumpidas.

— ¡Padre! Padre, he regresado. ¿Dónde estás?

— Aquí, hijo mío, en mi escritorio.

Una vez dicho esto, Shaddai tomó asiento, casi como queriendo quitarse de encima el peso que había estado acarreando.

— ¡Abba! ¿Por qué tienes esa expresión en tu rostro? ¿Qué te inquieta?

"Abba" era la forma cariñosa en que Josué desde niño se dirigía a su padre, y la empleaba cada vez que presentía que Shaddai estaba preocupado por algo.

Sonriendo, Shaddai se puso de pie y extendió sus brazos para abrazar a su hijo. Mientras los brazos de Josué respondían al abrazo, éste lo apretaba con firmeza contra sí, como de costumbre. Sin embargo, en esta ocasión, en lugar de dejar caer sus brazos a los costados de su cuerpo, Josué dio unos pasos hacia atrás y colocó sus manos sobre los hombros de su padre.

— Algo te está preocupando. ¿De qué se trata? — dijo Josué, mirando fijamente el rostro de su padre. Nunca guardaban ningún secreto, de modo que Josué sabía que todo lo que debía hacer era preguntar.

— Se trata de conseguirte una esposa, hijo mío. Debes desposarte. Ya no podemos seguir retrasándolo — respondió el padre.

— Muy bien. Estoy de acuerdo. Pero . . .

— ¿Dónde encontraremos una mujer que sea lo suficientemente apta para ser tu esposa? — lo interrumpió su padre —. ¡No conozco a nadie con esas características!

— Padre — dijo suavemente, envuelto en un halo de paz —. Padre, he encontrado una novia. Cuando te cuente acerca de ella, estoy seguro de que estarás de acuerdo, pues conozco tu corazón tanto como el mío. Tomemos un refresco y te contaré todo lo que siente mi corazón.

༼

Durante horas, padre e hijo estuvieron sentados en el patio, hablando animadamente. Por fin, cuando la luz del cielo comenzó a apagarse, marcando el fin de otro día, Shaddai se levantó despacio de su asiento. Entumecido por haber estado en esa posición durante tanto tiempo, colocó sus manos sobre las rodillas como para destrabar sus articulaciones. Luego, moviéndose con cuidado, se puso de pie lentamente.

Extendiendo sus brazos hacia los cielos cubiertos de estrellas, dijo: "Bien, hijo mío, he escuchado atentamente todos tus pensamientos y tus solicitudes. ¡Qué maravilloso hijo eres! ¡Es como si yo viviera dentro de tu piel, ya que pensamos del mismo modo! Yo también sentí a Cristiana dentro de mi corazón. Hay una gran potencialidad en esa joven. Pero ¿quién lo vería? ¿Quién lo ha visto? ¡Nadie! Debido a la mezcla de su sangre, judía y gentil, y a su origen plebeyo, nadie se ha detenido a considerar las circunstancias de su vida como para ver la potencialidad de tan preciosa alma. Todo está enterrado bajo los escombros de su vida.

"Ah, pero dejemos que se realice una pequeña excavación. Dejemos que se lleven los escombros. Permitamos que ella sea amada incondicionalmente. Se elevará con la misma magnificencia que los muros de Jerusalén. Florecerá como la rosa de Sarón. Como un lirio entre las espinas será tu amada entre las mujeres."

Luego, con un resonante crescendo, llegó su bendición: "Hijo, convengo contigo de todo corazón."

Durante unos instantes la luz de la lámpara de aceite situada sobre la mesa mostró la sonrisa del feliz Josué. Shaddai no podía ver los ojos de color marrón oscuro de su hijo, pero estaba seguro de que debían estar titilando al mismo ritmo que las estrellas de los cielos.

— Y, padre, aunque rompamos un poco con las costumbres, ¿también estás de acuerdo con mis planes para comprometerme en matrimonio con ella?

— ¡Sí, por supuesto!

El entusiasmo resonaba en la voz de Shaddai.

— ¡Son perfectos! Perfectamente adecuados para la futura esposa y para una situación como la de ella. Pues, si no la cortejaras primero, si no le demostraras su valía, es posible que nunca llegara a saber que tú la amas, aunque otros no vean nada qué amar en ella. Ella debe saber que, a tus ojos, es amada y preciada, antes que acceda al compromiso — dijo Shaddai con firmeza —. Cuando celebremos nuestra boda, debe estar convencida de que este matrimonio está arraigado en el amor y no en la conveniencia ni en la fútil pasión del deseo.

Josué sonrió cuando su padre se refirió a "nuestra boda".

— ¡Oh, qué maravilloso es estar seguro de que eres amado, amado incondicionalmente! — concluyó Shaddai.

— Entonces, ¿es un hecho, padre? ¿Haremos que Eliezer le entregue mis cartas en forma periódica?

Josué hizo una pausa. Le parecía importante que sus planes fueran confirmados una vez más, paso a paso.

— Por supuesto, hijo. Como tú dijiste, Cristiana nunca soñaría con que tú la quisieras. Y además, en caso de que lo hiciera, por cierto los habitantes de su ciudad la convencerían de que nunca estaría a la altura de ser tu esposa y mi hija. Pues aunque nunca te han visto en esa ciudad, tu reputación te ha precedido. No, lo haremos como tú lo has planeado. Tú escribes las cartas y Eliezer las puede entregar. El viaje no es muy largo. Además, sabes que a él le encanta viajar. Luego, cuando estemos seguros de que Cristiana está debidamente informada y convencida de tu amor, cuando ya le hayas explicado plenamente todas las responsabilidades que acarrea ser tu esposa, y cuando creamos que ella ha comprendido a cabalidad cuál es el significado de tu amor, entonces Eliezer podrá entregarle el contrato matrimonial y decirle cuál es el precio que quieres pagar por ella. Ese contrato matrimonial, ese *kesubá*, le dará la completa seguridad que ella necesita. Sé muy bien que no se negará.

11

— Pero padre, recuerda que — las palabras de Josué estaban llenas de preocupación mientras buscaba ser comprendido —, recuerda que ella no puede verme hasta la noche de nuestros esponsales. Eliezer deberá hacer los arreglos. Cristiana deberá estar dispuesta a casarse conmigo sin haberme visto. Su decisión deberá basarse en lo que sepa de mí y en lo que sepa de nuestra vida en común. No se puede deber a mi aspecto ni tampoco a lo que puedo llegar a hacer por ella. Su compromiso debe ser un compromiso firme con la forma de vida que llevará cuando sea mi esposa. "Debo . . . — se detuvo por el quebrantamiento de voz. Como si un escalofrío inesperado le hubiera ocasionado una sacudida, y pronunció sus palabras con voz trémula pero con resolución —. Debo tener una esposa que sea una sola persona conmigo, padre. Como lo somos nosotros."

Shaddai se dirigió a la mesa donde Josué todavía permanecía sentado. Luego, extendiendo su mano derecha, levantó el rostro de Josué hacia él.

— Mi amado hijo, te comprendo — le dijo —. Uno como lo somos nosotros. En este momento, debido a cómo es ella, parece imposible. Pero recuerda que para tu padre nada es imposible. Todo es posible para mí y así será. Te amo, hijo mío y te indicaré todo lo que debes hacer. Habla como te he enseñado. No hagas nada por iniciativa propia y las cosas ocurrirán como tú deseas. Conozco la oración de tu corazón. Algún día tú y Cristiana serán uno, y la gloria que te he dado también le será investida a ella.

Capítulo
dos

ristiana no conocía los planes que se estaban urdiendo con relación a ella. Josué había visto a Cristiana, pero ella nunca lo había visto a él. Ni en el mayor de sus sueños se hubiera imaginado que ella, Cristiana, tendría la oportunidad de convertirse en la esposa del hijo de Shaddai. Como toda mujer, Cristiana pensaba mucho en el amor. Sin embargo, nunca había podido comenzar a comprender que un amor tan grande podía ser investido sobre ella. Hasta ese momento, ¿era todo lo que había oído acerca de Josué y Shaddai sólo rumores, ilusiones... o falsedades? De todos modos, ¿quién conocía la verdad acerca de ellos y a quién le importaba? Sus vidas nunca se cruzarían con la suya. Provenían de mundos diferentes. El mundo de Cristiana parecía un infierno y, por lo que había oído, el de ellos era el paraíso. Y el infierno y el paraíso estarían separados por toda la eternidad. Para Cristiana, Shaddai y Josué bien podrían haber sido mitos, personajes de algún cuento narrado de un viajero a otro.

La vida era muy difícil para Cristiana. Se sentía como una esclava, una esclava de la pasión. Fue la pasión de sus padres la que la convirtió en una mestiza despreciada por los demás, con la mitad de su sangre de origen judío y la otra mitad gentil. ¿A qué cultura pertenecía? Los judíos no querían tener nada que ver con los gentiles y viceversa. Los unos despreciaban a los otros y Cristiana se despreciaba a sí misma. Esto la enojaba, ya que también era esclava de sus propias pasiones. Se había mantenido virgen. Esas pasiones estaban bajo control porque Cristiana no podía imaginar que ningún hombre decente deseara a una mestiza que proviniera de una familia como la suya. Eran pobres y eran despreciados. Y si bien algunos pensaban que Cristiana era bonita, ella había decidido no convertirse en el recipiente ocasional de un hombre pasajero. Además, ¿qué padre de Israel la querría para su hijo? ¿Y qué gentil querría a una judía mestiza, salvo para una noche o dos?

No, las pasiones de Cristiana eran más profundas que su impulso sexual y por lo tanto, eran pasiones difíciles de satisfacer. Cristiana ansiaba, anhelaba otra vida. Deseaba que todo comenzara de nuevo, en otro vientre materno. Deseaba nacer de nuevo, tener otros padres y otras circunstancias. Soñaba acerca de cómo pudo haber sido su vida y eso la enfurecía. ¡La enfurecía! ¡La hacía sentirse enojada! ¡Frustrada! Porque su vida nunca sería diferente.

Con cuánta frecuencia pensaba en las palabras de Salomón que se encontraban en los antiguos rollos: "Como salió del vientre de su madre, desnudo, así vuelve, yéndose tal como vino; y nada tiene de su trabajo para llevar en su mano." A esas palabras, Cristiana respondía amargamente: "Desnuda he venido a este mundo, desnuda regresaré, y desnuda permaneceré durante toda mi vida . . . para ser humillada, para despertar lástima, para ser despreciada, pero no para ser ayudada ni cambiada. Nada cambiará jamás. Simplemente trabajo para nada." Enfrentaba el hecho de que así como había nacido, así moriría. Sin embargo, aunque sabía que esto era así, nada cambiaba el anhelo de su corazón. Casi a diario le bullía dentro la pasión y el deseo de ser diferente, de poder comenzar de nuevo, hasta que creía que se volvería loca. Una y otra vez se preguntaba: *¿Por qué? ¿Por qué no puedo ser como los demás, estar satisfecha con la vida en un plano inferior? Cuánto más fácil sería vivir sin este anhelo.*

Y así hubiera sido. Pero vivir sin un anhelo significa volverse indiferente. Y Cristiana de ningún modo era indiferente. Dentro de sí había una actitud belicosa, como el perro amarillo que vivía en su pueblo. A nadie parecía importarle. En realidad, él cargaba con el peso del mal humor de los demás. Pero el animalito estaba determinado a sobrevivir.

Quizás era por eso que Cristiana siempre metía en su bc
un trozo de carne o de pan para él cuando iba al mercado. Aunc
no fuera un perro, sus vidas eran muy similares.

Capítulo tres

*A*medida que Cristiana se acercaba más al mercado, los ladridos eran cada vez más fuertes. *Qué gracioso, pensó, suena como el viejo Cur, pero no parece estar enojado. Qué extraño... parecería estar intranquilo. Pero ¿qué podría inquietar a ese perro? ¿Acaso no lo ha visto todo ya, al recorrer y explorar cada rincón de este pueblo?*

Cristiana apuró el paso. Nadie iba a atormentar a Cur si ella podía evitarlo. Se subió al escalón de piedra de una de las tiendas, estirando el cuello para tener una visión completa del mercado. Pero no pudo ver nada. Cur, u otro perro, parecía ser el centro de atención y la fuente de entretenimiento de la muchedumbre que no la dejaba ver qué ocurría.

Murmurando disculpas, Cristiana se abrió paso resueltamente entre la multitud hasta que por fin pudo atravesar el muro formado por las personas. Cuando llegó allí, la gente se largó a reír. Aturdida al principio, pensando que se estaban riendo de ella, dio varios pasos hacia atrás.

Luego, al mirar hacia arriba, Cristiana vio el motivo que provocaba la risa. Allí estaba Cur, con la cabeza hacia un lado, mirando a un hombre tendido justo allí, en medio del mercado. Afectado por el sonido de las risas, Cur comenzó a mirar a uno y otro lado. Luego, creyendo que la escena era toda suya, continuó ladrando, acercándose y alejándose del hombre dentro del perímetro de ese ruedo humano. Sintiendo por primera vez la aprobación

21

de los hombres, Cur estaba en la gloria. Inquieto, comenzó a correr y a correr en círculos alrededor de su núcleo de admiradores. Luego de volverse a detener y levantando la cabeza, corrió en línea recta hacia el hombre que ahora estaba sentado, muerto de risa.

¡Qué hombre encantador! — pensó Cristiana. Cur también debe haber pensado lo mismo, puesto que quería seguir jugando con él. Tirando con sus dientes de la túnica del hombre, dio inicio nuevamente a su juego. Ahora Cristiana comprendió por qué el hombre estaba tendido en el suelo. Aparentemente, Cur, en su entusiasmo, había jalado la túnica del hombre, le hizo perder el equilibrio y lo dejó tirado en el piso. Gruñendo en forma juguetona y tirando de la manga del hombre, Cur volvió a elevar la cabeza, miró a la muchedumbre, dejó la manga y luego, repentinamente, dio un brinco, ¡aterrizando con sus cuatro patas en la falda del hombre! Al hacerlo, sus patas delanteras nuevamente arrojaron al hombre al piso.

Mientras Cur estaba encima del hombre, lamiendo afectuosamente sus saladas lágrimas de risa, Cristiana intentó volver a ganar su compostura. Alguien debía ir en rescate de ese pobre hombre. Sin pensar en la gente y sintiéndose responsable por el animal, Cristiana se dirigió al centro del mercado, extendiendo en su mano el trozo de carne que había traído.

"¡Cur! ¡Cur! ¡Pillo, ven aquí! ¡Deja a ese pobre hombre en paz! ¡Ven! ¡Toma este bocado!" Le resultaba difícil no reírse y hablar con autoridad. Tal vez fue el tono travieso de su voz el que hizo que, por fin, Cur dejara tranquilo al hombre y se acercara a Cristiana, puesto que la comida no parecía atraerlo tanto. O Cur había comido un suculento almuerzo o bien había considerado que la aprobación amorosa del hombre era más importante que la comida.

Una vez terminada la diversión, la multitud comenzó a dispersarse. Pero entre ellos había un sentimiento de camaradería debido a ese incidente. Habían compartido algo que les había encantado. Hasta miraban a Cur con otros ojos. Pero el principal tema de conversación era el hombre, ya que él era el que había comenzado todo acariciando a Cur y jugando con él. Mientras la multitud se alejaba, todos comentaban acerca de su inusual comportamiento.

Los hombres judíos no solían jugar con perros vagabundos. En su mayoría, los perros se trataban con crueldad en Israel. "Y, de todos modos, ¿quién es él?", preguntaban. "No lo sabemos, no es de este pueblo", decían otros. "Su túnica es muy fina. Su burro es muy bonito. ¿Qué estará haciendo aquí?"

El objeto de todas esas preguntas y suposiciones se puso de pie, se quitó el polvo de la túnica y sonrió de oreja a oreja.

— Gracias por rescatarme — le dijo a Cristiana —. ¿Es tuyo ese perro?

Por lo general, Cristiana se hubiera ofendido, puesto que los perros como Cur eran despreciados y ninguna dama se ocuparía de semejante criatura. Pero al observar su rostro, supo que este hombre no se estaba burlando de ella.

— No, no es mi perro. Es un perro vagabundo. Pero a mí me gusta. Es un sobreviviente y, como bien puede ver, tiene personalidad.

La respuesta de Cristiana fue sencilla y natural, y el hombre lo advirtió. Lejos estaba la prohibición de que, siendo mujer, no podía conversar con un hombre que no conociera. El hombre la miró y sonrió. Le agradó esta jovencita. El hecho de hablar con ella no parecía ser indecoroso, ya que al no llevar un velo, él sabía que no estaba comprometida.

— Mi nombre es Eliezer, de la casa de Shaddai en Jerusalén — dijo.

La sonrisa de Cristiana se desvaneció mientras abría su boca.

— Entonces es cierto. Existe un Shaddai — murmuró.

¿Pero acaso el rico y poderoso Shaddai del que había oído hablar tendría un sirviente como éste? ¿Uno tan real, tan cordial y amable, y con tanto sentido del humor?

Eliezer observó todos los movimientos de su rostro: cómo dejó caer su boca, el subsiguiente silencio, sus ojos iluminándose por haber reconocido algo . . . ¿o se trataba de una duda?

— ¿Conoces a mi amo?

— Sólo he oído hablar de él — dijo Cristiana, intentando ocultar el tono de curiosidad que se traslucía en su voz —. Y muy poco. Yo no pertenezco a una cultura como la suya. Provengo de un mundo muy diferente.

Su sinceridad asombró a Eliezer, aun cuando pudo detectar un dejo de amargura en su voz.

— ¿Y tú cómo te llamas? ¿Puedes decírmelo para dirigirme a ti como corresponde?

No hubo ningún rastro de descaro, únicamente de franqueza, cuando lo miró fijamente a los ojos.

— Cristiana de la casa de Massah — le dijo y observó atentamente sus ojos. Podía descubrir muchas cosas observando los ojos de una persona. Eran como las ventanas del alma de un hombre. *¿Qué los hizo chispear cuando le dije mi nombre? ¿Sabía que Massah significaba contienda?*, pensó. Oh, qué bien describía su vida y la lucha que tenía lugar en su alma.

— ¡Cristiana! Cristiana, estoy encantado. Dios ha guiado mi camino, pues he emprendido este largo viaje para visitarte a ti.

Su respuesta la admiró y asombró tanto que repentinamente se sintió desmayar. Colocó la mano sobre su cabeza y lo miró irónicamente. Sentía que sus rodillas estaban a punto de doblarse.

Dándose cuenta de que estaba a punto de perder el equilibrio, Eliezer la llevó hasta la fuente más cercana.

— Ven, siéntate unos instantes en el borde de la fuente — le dijo.

Cristiana se sintió como una tonta. ¿Qué le estaba sucediendo? Cuán agradecida estaba de que allí hubiera una fuente dónde sentarse.

— Discúlpeme, buen señor, pero no sé qué me pasó — dijo, aspirando profundamente y ganando compostura —. Ahora, le ruego que me diga por qué usted, un sirviente de Shaddai, vendría a verme. Ni siquiera conozco a su amo. Y, como le dije, somos de mundos diferentes. ¿Por qué Dios lo guiaría hacia mí? Por favor dígame, ¿qué tendría que ver alguien como usted o como su amo conmigo?

Cristiana esperó, nuevamente mirándolo fijamente a los ojos.

— ¿Has oído de Josué, el único hijo de mi amo? — preguntó Eliezer.

— Sí — respondió Cristiana sin saber de qué se trataba.

— ¿Y qué has escuchado de él?

— Sólo que es igual a su padre. ¿Por qué?

— Porque — dijo Eliezer mientras tomaba un pergamino de la bolsa que colgaba de su hombro —, te ha escrito esto.

Cristiana observó el pergamino, mientras la incredulidad podía leerse en su rostro.

— Tómalo . . . es tuyo.

¿Por qué le temblaba la mano? ¿Acaso no había aprendido a controlar sus emociones, para que los demás no supieran lo que sentía en su interior? Sin embargo, temblaba por dentro y por fuera.

— ¿Qué . . . qué dice? — tartamudeó. ¡Vaya, ni siquiera podía hablar sin dejar de temblar!

— No lo sé. No lo he leído. Es para ti. Te lo envía Josué.

La consternación nubló el rostro de Cristiana.

— Pero ¿por qué . . . por qué Josué, hijo de Shaddai, me escribiría a mí? No tenemos nada en común. Ya se lo dije antes, vivimos en dos mundos diferentes.

— Ya lo sé — respondió tiernamente Eliezer —, es cierto que viven en dos mundos diferentes. No sé que está escrito en ese pergamino, pero sí sé por qué lo escribió.

A esas alturas, Cristiana se encontraba con la cabeza gacha, moviéndola de un lado a otro. Eliezer sabía que todo su ser estaba rechazando lo que escuchaba. Esperó a que levantara la cabeza y nuevamente lo mirara fijamente a los ojos. Sabía que lo haría en cuanto escuchara las palabras: "Pero sí se por qué lo escribió."

Eliezer tenía razón. No tuvo que decirle: "Mírame." Ella ya lo estaba mirando y esperando.

Las palabras surgieron en forma lenta y suave.

"Él te ama, Cristiana" — le dijo Eliezer.

La mano de Cristiana voló hacia su boca, pero no llegó a detener el grito que traspasó sus labios. Rompió en un llanto como un dique que se abre, con lágrimas recorriendo su rostro. Sollozando casi convulsivamente, se puso de pie, lo miró con sus ojos marrones muy abiertos por el miedo y salió corriendo.

Antes que Eliezer pudiera recobrar su compostura, ella ya se había ido, dejando tras de sí el sonido de su llanto. No eran lágrimas de alegría.

Capítulo cuatro

$\mathcal{C}$ristiana corrió y corrió, dirigiéndose hacia los campos donde estaría sola. Debido a sus intensos sollozos, su pecho parecía explotar. Ya era suficiente con correr. Ni hablar de correr y llorar al mismo tiempo. De repente sintió un dolor agudo, como una cuchillada en un costado de su cuerpo, y posó su mano sobre el lado derecho de su abdomen como para calmar el dolor.

Deteniendo su marcha, Cristiana buscó un lugar para esconderse. Agotada y dolorida, se dejó caer sobre una enorme piedra, echó su cabeza hacia atrás con los ojos bien abiertos y gritó con una agonía inquisitoria: "Dios . . . oh, Dios . . . ¿qué me estás haciendo? ¿Me estás atormentando?" Después de decir eso, se deslizó por la roca y cayó al suelo haciendo un ruido sordo. Con el pergamino aún entre sus manos, abrazó sus rodillas y, enterrando la cabeza entre el pecho y las rodillas, comenzó a llorar en silencio.

No sabía cuánto tiempo había estado llorando. Sólo sabía que fue el tiempo suficiente como para que el sol comenzara a quemarle la nuca, que había quedado desnuda cuando su negro y brillante cabello se había deslizado por su hombro. Finalmente, entumecida y alicaída, Cristiana se puso de pie y se dispuso a caminar, con la cabeza gacha, pateando las piedras que parecían crecer en Israel. "Pensé que era dura como ustedes, pequeñas piedras, capaz de que caminaran encima de mí sin hundirme, pero

29

¡miren qué ha ocurrido! ¡Alguien me ha hecho tambalear!" Volvió a mirar el pergamino que tenía entre sus manos. Estaba mojado por la transpiración. Buscando un resguardo del calor del sol, Cristiana se dirigió hacia una pequeña caverna en las colinas.

La caverna era cómoda y su frescura parecía darle la bienvenida, permitiéndole pensar con mayor claridad. Cristiana se apoyó contra la suave roca y observó el valle que estaba a sus pies. Luego de unos instantes, cuidadosamente desató el pergamino y leyó:

De Josué, hijo de Shaddai de Jerusalén, la gran ciudad de nuestro Dios, para Cristiana, hija de Massah. La gracia y la paz sean contigo en nombre del único Dios verdadero.

Sé que puede parecerte extraño recibir una carta mía, de alguien a quien nunca has visto y sobre el que posiblemente nunca hayas escuchado hablar antes que Eliezer te entregara el pergamino.

¿Extraño? ¡No tienes idea, Josué, de cuán extraño me resulta! ¡Josué! Oh, Josué, de repente eres más que un nombre de otro mundo. Eres una persona real, de carne y hueso. Pero ¿quién eres además de ser el hijo de Shaddai? ¿Quién eres además de ser un hombre rico, del que se habla con reverencia y temor?. . . Josué. A Cristiana le gustaba repetir su nombre en sus pensamientos. *Josué, ¿eres realmente tan justo, tan sagrado, tan bueno como dicen que eres? Y si lo eres, Josué, ¿por qué me escribes a mí? ¿O bien cómo puedes. . . ?* Las lágrimas volvieron a brotar, ya que Cristiana no podía, ni siquiera en su mente, decir "amarme". Siguió leyendo el pergamino.

Te escribo porque quiero que vengas a conocerme. Algún día, así lo espero, me amarás como yo te amo a ti. ¡Oh, casi puedo oírte ahora decir: "¡Amarme! ¿Cómo puede amarme si ni siquiera me conoce?"

Josué. . . tienes razón. ¡Esa es mi pregunta! Pero todavía hay algo más. Cristiana apoyó su cabeza sobre la roca y cerró los ojos. Aún las lágrimas recorrían silenciosamente sus mejillas de color de oliva. *Oh, Josué, si sólo supieras, si sólo supieras quien soy, por fuera y por dentro, nunca me amarías. No podrías amarme. Si eres como dicen que eres. . . o si siquiera vives como dicen que vives. . . no hay forma de que llegues a amarme. Tú eres un hombre justo. Yo no lo soy. Tú eres santo. Yo no lo soy. Tú eres bueno. Oh, Josué... conozco lo que hay dentro de mi corazón. Es maligno, falso... oh, tan maligno y tan terriblemente falso. ¡No! ¡No! Josué, nadie como tú podría nunca llegar a amar a alguien como yo. Incluso, si eres como he oído que eres, nunca me utilizarías para satisfacer tus placeres y me alejarías de tu lado cuando la dulzura del fruto prohibido se volviera amargo para ti.*

Cristiana estaba sentada con la espalda apoyada en las paredes de la caverna, los ojos cerrados, mientras las lágrimas recorrían sus mejillas. No podía detenerlas. Eran lágrimas que habían estado contenidas durante años. Y ahora las palabras de Eliezer: "Él te ama, Cristiana", habían abierto las compuertas del dique. El efecto de haber escuchado que alguien como Josué, hijo de Shaddai, podía amarla, fuera o no cierto, había provocado un terremoto en su alma produciendo una grieta en ese muro impenetrable de roca, un muro que ella misma había construido, un muro que contenía todas las emociones que la hacían sensible ante un mundo que ella odiaba, pero en el que debía vivir.

El sonido de un buitre fuera de la caverna hizo que despertara de sus pensamientos. Al abrir los ojos, observó el repugnante depredador comiendo los restos de alguna pobre criatura.

Incluso cuando estás muerto, se alimentan de ti, con el sólo deseo de llenar sus vientres. Oh, Josué, Josué, ¿eres un buitre como todos los demás? ¿Hasta te devoras a los muertos? Yo estoy muerta, Josué. No hay rastro de vida en mí... no en realidad. Sólo soy una sobreviviente, un perro como Cur, apreciada únicamente si puedo divertir o darle placer a los demás. Si no, me patean, soy desdeñada, una vagabunda, que no vale nada para nadie. ¡Amor! ¿Qué es el amor, Josué? Tú dices que me amas. ¿Sabes qué es el amor? Yo no lo sé. Entonces, si me amas, ¿cómo podré corresponderte?

Cristiana tomó el pergamino. Sus ojos recorrieron el pliego hasta encontrar esas palabras familiares. Era extraño... no las podía creer. No podía comprenderlas. Pero quería leerlas de nuevo.

Te escribo porque quiero que vengas a conocerme. Algún día, así lo espero, me amarás como yo te amo a ti. ¡Casi puedo oírte ahora decir: "¡Amarme! ¿Cómo puede amarme si ni siquiera me conoce?" Oh, pero mi amada . . .

Mi amada. Cristiana saboreó esas palabras durante unos instantes, luego prosiguió leyendo.

. . . yo sí te conozco. Sé todo acerca de ti y te amo tal como eres. Sé que tu padre es judío, tu madre una gentil. Sé dónde vives. Sé que es arduo, y sé que la vida te ha sido difícil. Pero eres una luchadora, una sobreviviente. También sé, Cristiana, que te has rodeado de una alta torre de roca para evitar que te hieran. Pero oh Cristiana, ven a mí, responde a mi amor y te daré un corazón nuevo, un corazón que te hará amarme por siempre y no abandonarme nunca jamás.

¿Cómo lo sabe? ¿Cómo sabe qué hay dentro de mí? Nunca lo compartí con nadie. Y, de todos modos, ¿quién me escucharía? No, está adivinando. Él no tiene forma de saber lo que yo he encerrado dentro de mí.

Cristiana continuó leyendo. Tendría que haber alguna falla en algún lado. En algún lugar Josué se equivocaría. Tenía que descubrirlo. Tenía que hacerlo, porque entonces podría arrojar el pergamino. Entonces, no sería verdad. Por lo tanto, podría dejar de darle importancia, olvidarse de que alguna vez lo había leído, ¡olvidarse de que alguna vez oyó acerca de Josué!

¿Pero podría hacerlo? Incluso . . . incluso si no fuera cierto, ¿podría olvidarse de este día, olvidar sus palabras? ¿Acaso no era esto lo que había anhelado durante toda su vida? Tenía tantas ansias de ser amada incondicionalmente, ya fuera judía o gentil, sana o enferma, bonita o fea, rica o pobre . . . amada tal como era, aunque él supiera todo acerca de ella. Ser amada para siempre, ser de su amado, nunca ser olvidada ni abandonada pasara lo que pasara. Continuó leyendo el pergamino.

Sé que todo esto puede resultarte extraño. Incluso puedes llegar a preguntarte por qué esperé tanto para declararte mi amor. Basta con decir, Cristiana, que ahora es el momento. Antes, mi amada, no podrías haberlo recibido. Oh, sé que es difícil comprenderlo aún ahora, pero en los días por venir verás toda la sabiduría que esto encierra.

Ya te he dicho lo suficiente. Queda una sola cosa, que bastará para el día de hoy. Mi padre también te ama. Te ha elegido para mí, y yo estoy de acuerdo con él con todo mi corazón. Estamos por completo de acuerdo con respecto a esta decisión. Ahora bien, Cristiana, solamente tienes que decir que sí. Tú sabrás cuándo. Primero, debes venir a conocerme. Porque cuando te decidas a aceptarme, quiero que lo hagas de todo corazón. Una vez que vengas a mí, Cristiana, serás mía para siempre y yo, tuyo. Además, cuando vengas a mí, quiero que sepas que realmente sé todo acerca de ti. Esto, amada mía, no es para intimidarte, sino para que sepas que te amo incondicionalmente.

Cuando llegue el momento, Eliezer te entregará la *kesubá* por mí. Será mi representante, y si aceptas el convenio, él beberá de la copa en mi nombre. En ese momento sabrás el precio que pagaré por ti. Durante nuestro período de compromiso prepararé un sitio para que te alojes en la casa de mi padre. Cuando éste esté listo, iré por ti.

Hasta ese momento, Cristiana, no me verás. Nuestro compromiso, amada mía, será diferente a los demás. Yo te he visto, pero tú nunca me has visto a mí. Y nunca me verás hasta que vaya por ti. Sin embargo, quiero que me ames aunque nunca me hayas visto. Cree en mí, Cristiana, y algún día te regocijarás enormemente y estarás plena de gloria.

Por ahora, Eliezer te traerá mis cartas una por una. Léelas atentamente, pues están escritas sólo para ti. Allí es donde abiertamente te diré todo acerca de mi persona. Además, mi elegida, te diré todo acerca de ti para que comprendas por qué eres como eres y para que puedas saber cómo convertirte en lo que Dios quiso que fueras.

Hay algo que quiero decirte, algo que debes saber. Debes saber, debes comprender, qué significará que seas mía . . . ser mi novia, mi esposa, mi colaboradora. No puedo tomarte como esposa bajo tus términos. Debe ser de acuerdo con los míos. Por lo tanto, debes comprender claramente cuál es el costo de tu compromiso conmigo. Estima el costo mientras lees mis cartas y llega a saber que nuestra relación debe ser preeminente, por encima de cualquier otra relación . . . incluso por encima de tus propios deseos o de tu propia vida. Esa, amada, es una de las principales razones por las que te escribo. Yo he tomado mi decisión. Nosotros, mi padre y yo, te hemos elegido. Ahora, la decisión es tuya. No permitas que las siguientes palabras te inquieten. Algún día comprenderás. Sólo debes saber que conozco tu decisión. Cuando me mandes llamar, te estaré esperando. Entonces, amada Cristiana, cuando digas "sí", comenzarás a entender la amplitud, la longitud, la altura y la profundidad de mi amor por ti . . . un amor que sobrepasa todo entendimiento. Algún día tu vida, Cristiana, será mucho más abundante de lo que puedas pedir o pensar. ¿Por qué? Porque, yo, Josué, hijo de Shaddai, te amo incondicionalmente y con todo mi ser.

ॐ

Cristiana leyó la carta de Josué una y otra vez hasta que llegó la siguiente. La caverna pasó a ser "de ellos". Allí ella desplegaría todas sus cartas y hablaría con él desde su corazón, contándole sus alegrías y sus temores.

¡Él la conocía! ¡En realidad la conocía! No podía encontrar ningún error. A veces, cuando leía sus cartas, se reía. Pero por lo general, las leía y lloraba. Ahora, sin embargo, no eran lágrimas de emociones contenidas. Algunas eran lágrimas de duelo por sus pecados y faltas. Otras eran lágrimas de alegría, de una alegría inexplicable. A partir de todo lo que leía, ella sabía cada vez más que Josué la amaba incondicionalmente. Nunca la censuraba.

Su pregunta era ahora: "¿Estoy dispuesta a amarlo por sobre todas las cosas?" Ella luchaba con este pensamiento. Porque sabía que él no la aceptaría bajo otras condiciones.

Capítulo cinco

Cristiana danzaba por el cuarto, sosteniendo el velo sobre su rostro. La música era suya propia, mientras cantaba: "Mi amado es mío y yo suya . . . y su deseo es hacia mí." Daba vueltas y vueltas y decía repetidamente: "Soy de mi amado. Soy de mi amado", hasta que finalmente cayó al piso. Si bien no era muy diestra en sus movimientos, cuidaba muy bien de que su velo no tocara el piso sucio de la casa de su familia.

Apretando el velo contra su pecho, se mecía hacia adelante y hacia atrás. *Oh, Josué, Josué, me llamaste tu amada cuando no había nada qué amar dentro de mí. Con el sólo hecho de enviarme tus cartas me has enseñado a amar simplemente por amarme a mí. Oh, Josué, ¡cómo deseo poder verte! Cómo deseo que este fuera el día de nuestra boda y no el día de nuestro compromiso. Cómo deseo . . .*

Cristiana comenzó a reír. *Le hablo todo el tiempo como si estuviera a mi lado.* Aún riendo, continuó: *Cómo deseo, mi esposo invisible, que pudieras verme andar por las calles con mi velo. Ahora todos saben que estoy comprometida. Todos los jóvenes que hubieran deseado tenerme, pero no como esposa, verán ahora que hay alguien que me quiere. Oh, Josué, espera hasta . . .*

La mano de Cristiana tapó su boca en un gesto de sorpresa. Luego con un tono de hilaridad en la voz, dijo: *Espera a que descubran que eres tú, Josué. ¡Tú! ¡El hijo de Shaddai de Jerusalén!*

Tan pronto como pronunció esas palabras su risa se interrumpió abruptamente, encubierta por una nube de preocupación que opacó su alegría. Estaba de pie, con ambas manos sobre sus caderas. "¡Nunca me creerán! ¡Nunca le creerán a mi padre! Nunca le creerán a mi madre. ¡Pensarán que estamos locos! ¡Que somos tontos! ¡Que estamos poseídos por algún demonio! ¡Oh, qué voy a hacer! — lloraba Cristiana —. Se reirán. Puedo escucharlos diciendo: '¿Josué, el hijo de Shaddai, casarse contigo? ¡Estás loca! ¿Por qué te desposaría a ti cuando podía tener a cualquier virgen hija de Israel? ¡Además, un hijo de Israel como él nunca se uniría a una medio gentil y medio judía!' "

Así es como la llamaban los judíos. Siempre, debido a su sangre gentil, un alto muro los separaba . . . la ley, los pactos, el pentateuco. Nada de eso le pertenecía, decían ellos, porque ella era mestiza. No, nunca le creerían. Ahora la alegría que había sentido se disipaba ante la supuesta incredulidad de la gente.

— ¡Cristiana, Cristiana! — la voz de su padre sonaba inusualmente fuerte, casi chillona —. ¡Está llegando! ¡Eliezer está llegando! Lo he visto desde los techos. ¡Apúrate! Prepárate. No podemos hacer esperar a una persona tan distinguida como él.

Mientras el padre pronunciaba sus últimas palabras, Cristiana ya se encontraba a su lado, escuchándolo murmurar: "Dios mío, oh, Dios mío."

— ¿Por qué dices eso? — le preguntó Cristiana a su padre con ternura. El amor que sentía por él inundaba su corazón. Oh, ¿cómo había podido odiarlo tanto? ¿Era él o era ella quien había cambiado? Vaya pregunta tonta. El amor de Josué, que ella guardaba dentro de su corazón, ahora fluía hacia los demás, para sorpresa de la misma Cristiana. Y esto no había pasado inadvertido. Según los rumores que su madre había escuchado de las mujeres que se encontraban en el pozo de agua y en el mercado, todo el pueblo estaba hablando del cambio que habían notado en Cristiana.

Tal vez, pensó Cristiana, *tal vez me creerán, pues han visto un cambio en mí. Tal vez se darán cuenta, ya que no miento más ni actúo en forma agresiva, de que ahora tampoco estoy mintiendo.*

— Querido padre, ¿por qué dices 'Dios mío, oh, Dios mío'?

— ¡Por el precio de la boda, mi querida, por el precio de la boda! Ellos, como bien sabes, son ricos, la familia más rica de todo Israel. Y yo . . . yo todavía no puedo comprenderlo. Tal vez las personas de su posición pueden salirse con la suya.

— ¿Comprender? ¿Salirse con la suya? Padre, ¿de qué estás hablando?

— Cristiana, no te enojes, simplemente no puedo comprender por qué tal padre y tal hijo te eligieron a ti, a mi hija. No somos ricos ni sabios, ni poderosos, ni nobles. Por el contrario, la casa de Massah es débil, pobre y desdeñada. ¿Por qué? ¿Por qué te eligieron a ti . . . a nosotros?

Massah se sentía aturdido. No deseaba herir a Cristiana, pero en realidad no podía entender el por qué de lo que estaba sucediendo. ¿Por qué Josué? ¡Oh, tal vez Dios finalmente le estaba sonriendo y cambiando el destino de su vida!

— Bueno, querido padre, si hay algo que no podemos hacer es alardear. No tenemos motivo para ello. Nunca me gané ni merecí lo que Josué está dispuesto a pagar por mí.

— ¡Massah, Massah! ¡Ha llegado!

Todo el mundo habla hoy con un tono de voz muy agudo, hasta mi madre, pensó Cristiana.

— ¡Apúrate, Massah! Ven a la puerta. Yo no puedo darle la bienvenida sola. ¡Massah! — volvió a llamar Bernice.

— Mujer, aquí estoy. Cálmate. ¡Suenas como un camello bramando!

Luego, volviéndose hacia la figura que se aproximaba, dijo: "Eliezer, que la paz de Dios sea contigo al ingresar a tan humilde morada."

La voz de Massah ya no temblaba. Se había compuesto perfectamente para la ocasión. Por supuesto, había estado practicando su saludo durante varios días, ensayando con su esposa e hija dónde estarían ubicados cada uno y qué harían. Massah nunca pensó participar en una ocasión como ésta. En realidad, jamás pensó en que alguien tomaría a Cristiana por esposa. Era muy bonita, pero . . . su comportamiento, su personalidad. ¿Quién podría llegar a tolerar a una mujer como ella día y noche? Sin embargo, milagrosamente Cristiana estaba cambiando frente a sus propios ojos. Si bien había cosas por mejorar. Quizás algún día un hombre podría tolerarla. Una sonrisa se le dibujó en el rostro mientras pensaba: *Bueno, después del día de hoy, si ella dice que sí, y ella me aseguró que lo haría, ya no será una carga para mí. Pertenecerá a Josué. Solamente debo ocuparme de que siga siendo virgen hasta el día de la boda.* Massah suspiró aliviado.

— Massah, he venido como un amigo del novio, Josué, hijo de Shaddai, para traerte un pacto matrimonial — dijo Eliezer.

— Eliezer, te saludo como representante de Josué y Shaddai. ¡Cómo deseo que ellos nos hubieran honrado con su presencia! Pero Cristiana me ha explicado los deseos de Josué y de Shaddai respecto a este asunto, y humildemente me someto a ellos. Mi hermano, Shemiah, actuará como mi representante. Pero ante todo, ¿podría tener el honor de servirte algo para beber y comer?

Eliezer, honrando la costumbre del compromiso matrimonial, respondió como lo hubiera hecho su homónimo cuando envió a Abraham a buscar una novia para Isaac.

— No comeré hasta haber terminado de relatar el motivo de mi visita.

Cristiana sonrió. Disfrutaba de cada momento de este ritual. Nunca, nunca jamás había soñado que algo así le sucedería a ella. ¡Alguien tan refinado, tan adecuado, tan honorable! Una sola cosa faltaba para que todo fuera perfecto: que Josué y Shaddai estuvieran allí. Además, si hubieran venido, todo el pueblo sabría que se trataba realmente de Josué, ¡el Josué de la casa de Shaddai! Con ese pensamiento, su postura cambió y su pecho se alzó en señal de triunfo. Pero rápidamente volvió a su postura original cuando una vez más se preguntó si le creerían. Pues bien, no iba a dejar que esto arruinara su felicidad. Seguía siendo una buscapleitos. Le creyeran o no, Cristiana sabía que de alguna manera ella lograría convencerlos. *¡Oh, cómo quisiera verlo! ¿Es bien parecido? ¿Es fuerte? ¿Alto? Oh, ruego que sea como yo lo sueño.* Estos pensamientos rondaban su mente en los últimos días, pues en ninguna de sus cartas Josué le decía cómo era físicamente.

Rápidamente regresó a lo que estaba sucediendo cuando Shemiah dio un paso al frente para preguntar cuál era el precio de la novia. Su parte de aceptar o rechazar el contrato venía a continuación. Pero primero se trató la dote. Debían ver si la dote era conveniente. El precio normalmente era lo suficientemente elevado como para que pareciera ser un sacrificio por parte del novio, pero tenían que estar seguros de que Josué no lo escatimara debido a quién era ella o porque Cristiana ya le había dicho que iba a desposarlo. La mano de Cristiana tapó su boca para ocultar sus labios mientras susurraba una oración secreta a Jehová. "Oh, Jehová, Adonai . . . no permitas que escatime. No permitas que mi dote sea menor de lo que sería si yo fuera una reina y él, un rey."

Mientras Cristiana oraba, Massah se paraba en un pie y luego sobre el otro, como un niño que no puede esperar a ver qué escondía su tío rico tras su espalda. Nunca antes un hombre que representaba tal riqueza se había acercado a la puerta de su humilde casa. ¿Qué cantidad le había autorizado pagar Shaddai a Eliezer? Massah prácticamente no podía contenerse.

La madre de Cristiana, Bernice, simplemente esperaba. No tenía muchas expectativas al respecto. Cuando Cristiana le leyó por primera vez parte de una carta de Josué en la que él le profesaba su amor, su madre rápidamente le dio un consejo nacido de la amargura: "Lo único bueno de casarse con Josué es el hecho de que es rico y que, gracias a ello, puede comprar tu aceptación. Recuerda que no te será fácil cuando las personas descubran que por tu cuerpo corre la sangre de los perros gentiles." Bernice pronunció esas palabras con un amargo sarcasmo. Había sido herida con demasiada frecuencia por las lenguas viperinas. Muchas veces había recordado los errores del pasado, de su casamiento con Massah.

Ahora, Bernice volvió a pensar en la advertencia que le había hecho a su hija: "Si me haces caso, le pondrás la carnada a Josué y no le darás el 'sí' hasta no haber escuchado el precio que pagará por ti. Hay algo que puedo asegurarte, mi testaruda hija, y es que una vez que seas suya, tu dote será tan baja como sea posible. ¡Espera y verás! ¡No olvides mis palabras!"

— ¿Con qué te quedarás si él se llegara a divorciar de ti? — la voz de Bernice era aguda y sus palabras hirientes.

— Pero madre, Josué dijo que él nunca . . . — Cristiana fue interrumpida casi al comenzar a hablar.

— Cristiana, toda mujer judía tiene una dote, las mejores ropas y las joyas que aporta al matrimonio. Y tú no tienes un collar de monedas, ni joya alguna. Si Josué no paga un buen precio por ti, serás una indigente viviendo en medio de la riqueza, pero sin seguridad alguna.

"Como lo prometió tu padre, todo lo que tendrás es la mitad de la dote que Josué pague por ti. La mitad será para ti y la otra mitad para tu padre. Tu padre hará honor a su palabra. El muy tonto cree que se trata de una gran dote.

"Además, él contaba con que tú estuvieras siempre a su lado. — afirmó Bernice —. Por eso ha sido tan generoso."

Mientras Bernice recordaba el consejo que le había dado a su hija, sintió algo de culpa. Para justificar sus palabras, pensó: *Fui dura, lo sé, pero alguien tiene que explicarle bien las cosas a Cristiana. El hecho de enamorarse de Josué la ha vuelto muy veleidosa acerca de la vida. ¿Qué le ha de suceder si no se enfrenta a la realidad? Debe estar preparada para lo peor, puesto que este matrimonio no puede ser tan bueno como parece serlo. En algún lado debe haber una trampa. No sé bien dónde. Probablemente, como le dije, la dote sea ínfima, o quizás Josué sea deforme o algo así, o tal vez esté hechizado y nadie lo sepa.*

Bernice tambaleó, casi perdiendo el equilibrio, mientras su ensueño personal fue interrumpido por lo que acababa de escuchar vagamente. Antes de poder detenerse, las palabras brotaron de su boca, interrumpiendo a Eliezer en medio de su discurso. Casi sin aliento, preguntó: "¿Qué dijo?"

La pregunta y lo inoportuno de su intervención afectaron a todos los que se encontraban en la habitación. Pero Massah y Shemiah estaban secretamente complacidos de que le pidiera a Eliezer que repitiera lo que había dicho, ¡porque ellos tampoco podían creer lo que habían escuchado!

Cristiana, nuevamente mirando fijamente a Eliezer a los ojos, se dio cuenta de su parpadeo cuando repitió: "La dote o el precio de la novia será una nueva casa para Massah y Bernice, compuesta por dos pisos y construida en un gran terreno. La casa se construirá con la mejor piedra disponible y revestida por los mosaicos más refinados."

La madre de Cristiana estaba tan conmocionada que no le importó quedarse callada. ¿Quién hubiera soñado con que ella sería la señora de una casa así?

Eliezer continuó: "La casa se construirá sobre un terreno que ya ha sido adquirido a tal efecto. La tierra tiene el tamaño adecuado para albergar el regalo de cien ovejas y mil bueyes de mi amo a la casa de Massah."

Ahora le tocaba el turno a Massah. Había detenido su ansioso balanceo. Repentinamente, se volvió rígido como una roca, con los pies pegados al piso. Se sentía tan abrumado por lo que había oído que no podía moverse. ¿O tal vez tenía temor de despertar?

"Además . . ."

¡Además!, pensó Massah. *¡Además! No sé si podré tolerar un "además". ¡Mi corazón está a punto de estallar!*

Eliezer prosiguió, sus ojos aún parpadeantes. No se habría perdido esto por nada del mundo.

"Además, se le pagará a Massah y a Bernice cien monedas de plata a cada uno y cien monedas de oro a cada uno. Ahora bien, en cuanto a Cristiana, en primer lugar ella recibirá fondos ilimitados, no para derrocharlos, sino para ser usados en satisfacer todas sus necesidades hasta el día de la consumación de la boda."

Ahora era el turno de Cristiana de sentirse impresionada. Al igual que lo había hecho su madre, Cristiana tartamudeó: "¿Cómo?"

"Cristiana — dijo Eliezer, mirándola fijamente a los ojos —, mi amo se encargará de todas tus necesidades en correspondencia a toda su riqueza. Luego, en el día de consumación de este pacto, tú, Cristiana, tendrás los mismos derechos de herencia que Josué respecto a todos los bienes de Shaddai."

Después de pronunciadas estas palabras, Cristiana se desmayó. ¿Quién había escuchado antes que algo así le ocurriera a una mujer en Israel, y mucho menos a una mestiza? Bernice gritó y Massah se tambaleó hasta apoyarse en el banco más cercano. Shemiah estaba a punto de morir. ¡Quería ser el primero en contarle a todo el pueblo acerca del contrato de matrimonio que había negociado!

43

A estas alturas se había dejado de lado el tema de las propiedades mientras Bernice tomaba la copa del pacto y obligaba a Cristiana a beber un poco de vino con el objeto de revivirla.

Una vez que Cristiana volvió en sí y que la mayor parte de la confusión cedió, Eliezer volvió a hablar. Sin embargo, esta vez su voz era muy solemne, generando un silencio total.

"Finalmente, Cristiana, Josué desea que sepas que, en caso de que estés de acuerdo con este pacto matrimonial, nada que tú puedas hacer le hará romper el pacto. El pacto matrimonial de Josué es un pacto incondicional, eterno. Desde este día en adelante, si te avienes a este pacto, pondrá por escrito que nunca se divorciará de ti bajo ninguna circunstancia. No será necesario que las señales de virginidad de la noche de bodas sean guardadas ni utilizadas por tus padres. Estarás comprometida para siempre, para ser uno en la carne cuando Josué venga a tomarte a la casa de tu padre. Ahora bien, cuando Shaddai apruebe las preparaciones que Josué ha dispuesto para ti, enviará a Josué para que te lleve a su casa. Debes tener paciencia hasta ese momento, pues Josué no conoce ni el día ni la hora en que su padre le permitirá venir por ti.

"A cambio, Cristiana — continuó Eliezer —, Josué te pide una sola cosa: que lo ames con todo tu corazón, con toda tu alma, con toda tu mente y con todas tus fuerzas.

En ese momento, Bernice le murmuró al oído a Cristiana: "Perdóname, hija mía. El pozo de mi corazón sólo ha generado agua amarga. No lo sabía. Ni siquiera soñaba . . . "

La voz de Shemiah dirigiéndose a Cristiana detuvo las palabras de Bernice.

— Cristiana, como representante de la casa de Massah, debo preguntarte si estás de acuerdo con este pacto matrimonial.

Después de todo lo que había escuchado, Shemiah, representante o no, se sentía tonto al hacerle esa pregunta.

Para Cristiana, ella había oído lo suficiente. Jehová había respondido a su oración con creces, tal como Josué le había prometido amarla . . . mucho más allá de lo que ella pudiera pedir o pensar.

— Sí, Shemiah — dijo —. Estoy de acuerdo en aceptar esta dote en nombre de mi padre Massah, mi madre Bernice y en mi propio nombre, y le doy a Josué, hijo de Shaddai, mi palabra de casamiento.

"Eliezer, puesto que ocupas el lugar de Josué — dijo Shemiah —, ¿tomarías de la copa del pacto, sellando de ese modo el acuerdo ante Dios?"

Eliezer respondió dando un paso al frente para recibir la copa de la mano de Cristiana. Una vez que bebió de la copa, dijo: "Yo, Josué, te bebo, Cristiana, hueso de mis huesos, carne de mi carne."

Luego, Eliezer acercó la copa a los labios de Cristiana. Después ella bebió y dijo: "Yo, Cristiana, te bebo, Josué, hueso de mis huesos, carne de mi carne."

Cuando terminó, Eliezer se acercó más a ella y le murmuró: "Mi amo te ama, Cristiana, más que a sí mismo. Sé fiel a él. Ama a quien todavía no has visto. ¡Nunca olvides que el espíritu está dispuesto, pero que la carne es débil! Camina en forma circunspecta, hija mía. No abuses de su amor incondicional."

Abusar de ese amor . . . ¿cómo podría hacerlo? Qué cosa extraña me ha dicho. Oh, hubiera deseado que Eliezer no hubiera pronunciado esas palabras. Pues, nunca podría serle infiel . . . ¿o sí? El sólo hecho de pensarlo la hacía temblar, como si le hubiera dado un escalofrío. *Oh, Josué, ven pronto por mí . . . ¡ven cuanto antes!*

Capítulo seis

Luego del compromiso matrimonial, Cristiana estaba sumamente ocupada con los preparativos. Había que comprar tela, el más fino de los linos blancos. Cristiana se confeccionaría su propio vestido y prepararía sus propios adornos. Ahora que Josué había acordado satisfacer todas sus necesidades, no había por qué pedir prestadas la vestimenta y las alhajas. Sus joyas y su vestido serían su tesoro para siempre. Todo debía ser perfecto en todo sentido. El anhelo que Cristiana albergaba en su corazón era estar bella para su esposo. Por lo tanto, cada puntada se medía cuidadosamente, cada costura era exquisitamente realizada. Sin duda alguna, su traje de bodas debía ser perfecto.

Cristiana sabía que, de acuerdo con las costumbres, probablemente transcurriría por lo menos un año entre su compromiso y la boda. Pues bien, le tomaría un año. Pero tal vez, si se apuraba, Josué también se apuraría. Tal vez el tiempo pasaría con mayor rapidez.

¡Había tanto por hacer! Había que elegir a las damas de honor. Debían enhebrarse hilos de perlas y cuentas de oro para entretejerlos con su cabello. Su cuerpo debía ser untado con el más fino de los aceites hasta que su piel brillara como un mármol dorado. Debían recogerse flores y especias para los perfumes. Todo era tan emocionante . . . y a veces tan abrumador. Pero por si esto fuera poco, ella y sus padres se encargaban de supervisar la construcción de su nuevo hogar. No tenían mucho que hacer, ya que Josué había contratado a los obreros más idóneos. Pero era difícil mantenerse alejados de un proyecto como ese. Nunca habían soñado con tener una casa de tales características. Además, era divertido compartirlo con sus amigos . . . con los pocos amigos que tenían. Algunos que decían ser sus amigos comenzaron a volverse envidiosos ante la buena fortuna de Massah. Otros, como lo había imaginado Cristiana, simplemente no quisieron creer que el compromiso se había consumado. Pero ¿cómo explicarse la repentina buena fortuna de Massah de no provenir de la dote? Cuando los hombres no quieren creer en la verdad, la ignorancia maligna invoca todo tipo de racionalizaciones, excusas o negaciones.

— Están locos — decían algunos de los habitantes del pueblo —. No existe ningún Shaddai, ningún Josué. ¿Alguien los ha visto alguna vez?

— No son más que rumores.

— Mitos inexistentes.

— Fruto de la imaginación.

Otros, que no podían negar su existencia, sí negaban el compromiso.

"Si Shaddai y Josué son como hemos oído hablar, ¿elegirían a alguien como Cristiana? — decían —. No, elegirían a alguna refinada virgen con riqueza y posición, la hija de un fariseo o de un saduceo, o la hija virgen de uno de los miembros del concilio. Ellos son los que gobiernan Israel. La posición y la riqueza siempre van de la mano."

Y otros realizaban acusaciones horribles: "¡Estás poseída por Belzebub!"

Sin embargo, la mayoría sólo decía: "Tú dices que vendrá. Lo creeremos cuando lo veamos."

 C3

El año transcurrió rápidamente para Cristiana, ¡y vaya año! En ningún otro momento de su vida se sintió tan mujer. Atrás quedaba la época en que estaba de acuerdo con los fariseos respecto a que una de las peores cosas que le podía tocar a un ser humano era ser mujer. Muchas fueron las veces en que los escuchó en las esquinas de las calles predicando cosas como: "Oh Dios, gracias que no me has creado como un perro, un gentil o una mujer."

Sin embargo, Cristiana también conoció su parte de rechazo en ese año, pues cuando su padre invitó a varias personas a la fiesta de bodas que daría Shaddai, muchos rechazaron la oferta. Algunos dijeron que estarían trabajando en los nuevos campos que habían comprado y que por ese motivo no podrían asistir. Otros se excusaron, diciendo que acababan de casarse. Todos parecían estar demasiado ocupados, demasiado preocupados por sí mismos y por su mundo egoísta.

En una de sus muchas visitas, Eliezer había traído vestimentas de boda para todos los que fueron invitados a la cena de boda, ya que la costumbre decía que a nadie, absolutamente a nadie, se le permitiría asistir al festejo sin un traje adecuado para la boda. Sin embargo, fueron relativamente pocos los que aceptaron las prendas, aunque se las entregaban en forma gratuita. De algún modo, la mayoría de los invitados no podían creer que Josué y Shaddai habían elegido a alguien como Cristiana.

Cuando el año de su compromiso llegó a su fin, el anhelo de Cristiana por Josué se incrementó aún más. De seguro, cualquiera de esas noches ella escucharía el sonido de las trompetas en las calles y finalmente vería a su amado Josué por primera vez. Noche tras noche soñaba con su llegada. Pero algunos de sus sueños se asemejaban a pesadillas, porque a veces no se sentía preparada para la ocasión. ¡No podía encontrar su traje! Frenéticamente, ella y su madre buscaban hasta en el último rincón de su nueva casa, para finalmente encontrar el traje de bodas arruinado o sin terminar.

Este tipo de sueños hacía que Cristiana se despertara empapada en sudor. Muchas veces, luego de una de esas noches, se subía en el techo de su casa y allí se sentaba, pensando en las palabras de Josué . . . palabras que le advertían que estuviera atenta y a la espera de su llegada.

Cristiana había memorizado algunas de las cartas de Josué de principio a fin. En noches como esas, cuando se sentía tan sola, las repetía una y otra vez.

Cristiana, yo vendré, con toda certeza, el día y la hora que menos te lo esperes. Oh, amada, ni siquiera yo sé cuándo será. Sólo mi padre lo sabe. Pero cuando todo esté preparado y mi padre me dé permiso para ir, iré con toda presteza. Sé que es difícil esperar, estar constantemente preparado, esperar y luego que las cosas no sean como uno lo planeó o lo deseó. Pero tienes que estar segura de que YO VENDRÉ.

Esas últimas dos palabras estaban escritas con grandes letras. Al recordarlas, Cristiana sonreía.

Consérvate pura, conserva limpias tus vestimentas. Mantente alerta, puesto que no sabes ni el día ni la hora en que yo, tu señor, tu amante señor, llegaré. Tengo tantos deseos, mi amada, de recibirte como una virgen casta.

Las cartas de Josué fueron menos frecuentes en los últimos meses. No obstante, Cristiana leía y releía constantemente todas las cartas que había recibido. Josué le había instruido que así lo hiciera.

Puesto que, mi amada, ellas siempre te recordarán la alta posición a la que has sido llamada.

Josué le había explicado que sus cartas eran como un libro de texto que le impartiría enseñanzas de por vida. ¡Cuánta razón tenía! Cuando ella las leía, aprendía grandes verdades acerca de cómo sería su vida con Josué. Pero sus cartas no solamente estaban llenas de enseñanzas. En ocasiones, cuando las leía, ¡sentía que la estaba regañando! Con mucha frecuencia sus palabras ponían de manifiesto algo malo que se encontraba en su corazón o en sus hechos. A veces sentía tanta vergüenza que se atormentaba profundamente, preguntándose cómo podía Josué amar a alguien tan pobre y tan falto de virtudes.

Sin embargo, siempre que sus palabras la herían, también la sanaban. Siempre le daban un rayo de esperanza mientras le explicaban cuidadosamente cómo corregir lo que era tan inapropiado. ¡Cuán sabio era Josué! Fue por medio de sus cartas que Cristiana aprendió a vivir en rectitud. Realmente se producían cambios dentro de ella por el solo hecho de leer las cartas de Josué.

Y además de Cristiana, otros también lo advertían. Cada vez más, sus palabras exponían la frivolidad del mundo, su sabiduría y sus formas. Era como si se le hubiera caído un velo que le tapaba los ojos. Lo que antes veía con cierta oscuridad, ahora lo veía claramente.

A estas palabras se aferraba Cristiana, a las promesas de Josué, creyendo que en cualquier momento él llegaría. Sin ellas, Cristiana sabía que no podría tolerar la espera.

Periódicamente, Cristiana visitaba a las que habían acordado ser sus damas de honor. Durante cada visita les recordaba que se aseguraran de que no les faltara aceite a sus lámparas. "Saben — les decía mientras reía —, por lo general el novio llega por la noche. Es preciso que estén preparadas cuando escuchen las trompetas."

A veces, alguna le respondía bromeando: "¿Estás segura de que vendrá? Tal vez cambió de parecer."

A lo que Cristiana respondía con confianza: "¿Acaso un hombre se sacrificaría tanto para comprar a una mujer y luego no desposarla? Me ha dado adornos en abundancia, ha colocado brazaletes en mis manos, una cadena en mi cuello, joyas en mi frente, aros en mis orejas y una hermosa corona sobre mi cabeza. Vendrá a reclamar lo que es suyo."

¿Pero cuándo? Los días de espera se convirtieron en semanas, las semanas en meses y los meses en otro año. ¿Por qué? ¿Por qué no había venido Josué? En cuanto a Cristiana no había nada que lo retuviera.

 C&

Mientras que los meses de espera eran cada vez más prolongados, Cristiana gradualmente dejó de leer las cartas de Josué. Por lo general, encontraba algo nuevo cada vez que las leía, pero comenzaron a aburrirla. Esa obligación mantuvo su atención durante un lapso corto. Parecía que su primer entusiasmo de amor y ardor se estuviera desvaneciendo. Una y otra vez iba al mercado, a los campos, a su caverna, donde le abría el corazón a un hombre que no estaba allí.

Oh, si sólo supiera cómo eres físicamente, Josué, si estuvieras aquí en carne y hueso para que pudiera verte, para que pudiera hablarte . . . para que pudiera tocarte. ¿Por qué, por qué nuestro compromiso no pudo ser como los demás? Necesito tu realidad. Tú, Josué. ¡No Eliezer! ¡Ni tus cartas! Me siento sola, tan sola. Y soy humana, Josué, soy humana . . . de carne y hueso. Oh, ¿por qué no vienes? ¿Por qué no vienes por mí? Te necesito.

En sus cartas, Josué le había advertido que vendrían momentos como éste.

> Concentra tus afectos en las cosas que nos pertenecen y no en las cosas de este mundo. Deja que mis palabras moren en ti. Te ayudarán paso a paso durante los momentos de oscuridad y soledad. No pierdas la esperanza. Cuídate del mundo y de sus lascivias. Recuerda que sus placeres sólo duran por un tiempo. Cuídate, sino serás presa de la tentación.

Pero Cristiana no le hizo caso a las palabras de él.

Capítulo
siete

Cristiana se sentía muy atemorizada. ¿Por qué, por qué había escuchado a esas muchachas en el pozo? Ella sabía más que ellas. Había escuchado cuentos sensuales femeninos como esos antes . . . antes que Josué llegara a su vida. La habían frustrado en ese momento, la frustraban ahora. Nunca antes había tenido tanta consciencia de lo que significaba ser una mujer, anhelando ser abrazada . . . ser tocada . . . experimentar los misterios, la expectativa y la emoción del romance.

"Oh, Dios, no debo pensar de este modo." Mientras Cristiana decía estas palabras, había una mezcla de amargura y lástima por sí misma en su voz. "Estoy comprometida. Casada, pero no tomada. ¿Cuánto puedo soportar? ¿Hasta cuándo puedo esperar?"

Cristiana se colocaba el velo por obligación, no por orgullo. Ninguna mujer comprometida salía sin su velo. Cada vez que salía de la casa, todos debían saber que ella ya había sido pedida en matrimonio, porque estar comprometida en Israel significaba lo mismo que estar casada.

Una vez fuera de la casa, Cristiana miraba la *mezuzá* que estaba colocada en la puerta, como Josué le había indicado que lo hiciera. La pulía con su mano y seguía su camino. *¡Necesito caminar, gastar energías, llegar a estar tan exhausta que cuando llegue el momento de dormir caiga en la cama y termine con este anhelo!* Josué ya no formaba parte de sus pensamientos. Habían transcurrido varias

57

semanas desde la última vez que había releído sus cartas. El vestido de novia, los adornos y las joyas estaban desperdigados por su cuarto, esperando el sonido de las trompetas que anunciaran el arribo de Josué. Pero su vestido se había llenado de polvo y Cristiana se había cansado de mirarlo. Su novedad y belleza se habían desgastado, y se había cansado de probárselo. El fervor de su primer amor se había desvanecido con el transcurso del tiempo y con los asuntos comunes de la vida cotidiana.

Cristiana llegó casi enseguida al mercado. La energía de su caminar bajo el calor del día le había provocado sed. De su pretina, Cristiana extrajo algunas monedas y las comenzó a contar para ver si tenía el dinero suficiente como para comprar algo para beber. Mientras estaba preocupada contándolas, repentinamente saltó movida por el temor y todas las monedas rodaron por el polvo del piso.

— ¡Cur! Cur, ¿qué estás haciendo, perro bribón, asustándome de ese modo? ¡Mira lo que me has hecho hacer! ¿Cómo podré encontrar las monedas de cobre en todo este polvo?

Cristiana estaba exasperada.

Si bien le hablaba a Cur, su voz tenía un tono al que el perro no estaba acostumbrado, ni tampoco le estaba prestando su habitual atención. Quería que lo mimaran o que le dieran un bocado, no que lo regañaran. Entonces, cuando Cristiana entró al mercado, buscando en el polvo las monedas que había perdido, Cur comenzó a ladrarle. Cristiana, demasiado preocupada para ser interrumpida, continuó su búsqueda, por lo que Cur corrió directamente hacia ella, tomó su manga entre los dientes y comenzó su juego, aullando a viva voz. El velo de Cristiana escondía su sonrisa, mientras rápidamente le dio un tirón a la manga, haciendo volar al perro. ¡Ahora había empezado el juego! ¡Había logrado que le prestara atención! Encantado, Cur comenzó a ladrar, acercándose y alejándose de Cristiana, intentando nuevamente morder su manga.

Divertida, aun cuando seguía ocupada buscando sus monedas, al principio Cristiana no supo qué lo hizo aullar a Cur de ese modo. Era un aullido seguido de un gemido de dolor.

"Cur, Cur . . . ¿qué te pas . . . ?"

Súbitamente, una piedra vino por el aire dirigida directamente al perro. Cristiana intentó detenerla con su mano. "¡Oh, oh, cómo duele!" Doblada por el dolor y muy enojada, se olvidó de quién era y de dónde estaba.

— Tú . . . tú . . . — por un instante no sabía qué decirle —. ¡Tú eres un tonto! ¿Qué estás haciendo? Deja a ese pobre perro en paz. ¡Arrójale piedras a quién pueda arrojártelas a ti, cobarde!

— Perdón.

La voz sonaba algo divertida y algo indignada.

— Sólo estaba intentando rescatarte de un perro que te estaba atacando. ¿Y eso es lo que obtengo por ir en tu ayuda? ¿Que me llames tonto en vez de protector? Ese perro te tenía prácticamente en el piso. Mírate. Estás cubierta de polvo.

Cristiana miró su polvorienta túnica, luego levantó la cabeza para mirar al joven que estaba de pie frente a ella. Mientras lo hacía, sus ojos se cruzaron con los de él. Durante la conmoción con Cur, su velo se había caído hacia un costado de su cabeza, y el hombre la estaba mirando, con un placer que se le leía en el rostro. Por un momento se quedaron mirándose fijamente. Luego, ¡casi con un valor desafiante, con una mirada, sus ojos acariciaron su cuerpo! Los ojos de Cristiana nunca dejaron de mirar a los del hombre y observó la forma en que la observaba. Repentinamente sintió como si todo su cuerpo estuviera ardiendo, su rostro estaba caliente, como si hubiera tomado demasiado sol.

Sosteniendo su mano izquierda lastimada con la derecha, comenzó a gesticular hacia el piso: "Se . . . se me cayeron las monedas. Tenía sed . . . Había caminado tan rápido . . . Cur, el perro, quería jugar . . . Con frecuencia le traigo comida." *Estoy hablando tonterías*, pensó Cristiana, mientras intentaba explicar su situación. *¿Qué me pasa?*

— Detente por un minuto — se reía él mientras hablaba —. Estás hablando en otro idioma. No puedo entenderte. Cálmate.

Cristiana no estaba hablando en otro idioma, pero sabía a qué se refería este hombre. También sabía que lo que estaba sintiendo no era correcto. Debía irse de inmediato, pero todo dentro de sí quería quedarse. Intentó recobrar la compostura.

— Discúlpame. Me duele la mano, y no estoy turbada — dijo ella.

Lo siguiente que supo Cristiana fueron los mil escalofríos que recorrían sus venas, porque él se aproximó, tomó su mano entre las suyas y comenzó a quitar el polvo que rodeaba la lastimadura de la palma de su mano.

Rápidamente, Cristiana retiró su mano.

— Gracias, pero estoy bien. Shalom.

No tenía aspecto de judío, pero no sabía qué decir. Abruptamente, se dio vuelta en dirección a su casa.

— Por favor, por favor no te vayas. Quiero hablar contigo. Permíteme presentarme. Me llamo Kosmos.

Su voz se tornaba más fuerte al intentar alcanzar a Cristiana quien, a esas alturas, estaba casi corriendo.

De repente, Cristiana se había dado cuenta de dónde estaba y de que ella, una mujer comprometida, estaba de pie, sin velo, en medio del mercado hablando con un extraño: un hombre. La culpa la abrumó, si bien no a causa de lo que había sucedido sino por lo que sentía en su interior. Quería hablar con . . . ¿cómo dijo que se llamaba? ¿Kosmos? Nunca había oído un nombre igual.

Cristiana se dio vuelta, buscando su velo caído y cubriendo su rostro al mismo tiempo.

— Soy una mujer comprometida de Israel — dijo —, y no está bien visto que esté hablando contigo, un extraño. Te pido que me disculpes.

No obstante, aunque estaba preparada para partir, buscó sus ojos. Quería volver a sentir lo que había sentido antes. No se sintió desilusionada. Kosmos sonrió y la miró con desenfadada aprobación.

CB

Cristiana tuvo dificultades para dormir esa noche. Durante un rato se sentó al lado de su lámpara de aceite e intentó leer la última carta de Josué, pero su mente volvía al mercado. Una y otra vez recordó lo que había ocurrido. Cada vez quería recordar más acerca de él. Su rostro. Su porte. La brutal fuerza de su mano. La suavidad de su tacto. *¿Será Josué tan bien parecido como este joven?*

¿De dónde provendrá? ¿Por qué no lo he visto antes? ¿A qué país pertenecerá? ¿Lo volveré a ver?

Ese tipo de preguntas colmaban su mente. Preguntas acerca de Kosmos, no de Josué. Había cierto misterio sobre él, un elemento de lo desconocido que era sumamente excitante. *¡Seductor! Eso es lo que es Kosmos . . . ¡Seductor!* El deseo recorrió todo su ser.

Recostada en su cama, Cristiana dejó fluir su imaginación. Se había olvidado de las palabras de Josué que le advertían que captara cada pensamiento . . . que pensara únicamente en cosas relacionadas con el amor, la verdad y la virtud.

Finalmente se quedó dormida y comenzó a soñar. Esta vez Josué tenía un rostro. Pero ¿era Josué?

Capítulo ocho

A la mañana siguiente, Cristiana peinaba y volvía a peinar su cabello, prestándole una meticulosa atención. Mientras elegía qué ropa vestir, tarareaba una nueva balada que había oído cantar a una de sus amigas. Poniéndose sus sandalias, se dirigió al balcón, desde el que podía ver el patio central. Josué había hecho que todo esto fuera posible: una variedad de vestidos, una hermosa casa, un patio. Pero ella había comenzado a dar todo por sentado. Mientras Cristiana se había ido acostumbrando a su nuevo estilo de vida, la gratitud y el respeto que alguna vez había sentido por haber sido investida de tales bendiciones había disminuido. En ocasiones, hasta sentía que merecía todo aquello. Después de todo, ¿por qué no podía tenerlo?

— ¿A dónde te diriges? — le gritó a su madre, al verla cruzar el patio.

— Al mercado. Hoy se espera que llegue la fruta y . . .

— Espera, madre, yo iré en tu lugar.

— ¡Vaya sorpresa! Pero si quieres ir, realmente me harías un favor. Tu padre quiere que le prepare un cordero fresco y debo traer uno del rebaño.

Mientras Cristiana salía apresuradamente por la puerta, detrás de su madre, su mano se dirigió, por hábito, a la *mezuzá*. Pero esta vez, las palabras de la ley de Moisés escritas en el pergamino que estaba dentro del amuleto le vinieron a la mente: "Ama al SEÑOR . . .

cumple con estas palabras que te mando hoy . . . repítelas, habla acerca de ellas . . . colócalas como una señal en tu frente . . . en los postes de tu casa." Cristiana había oído a su padre citar con frecuencia esas palabras de la ley. Hoy, sin embargo, otras palabras también la acosaban. Palabras que no estaban dentro de la *mezuzá*, sino a continuación de esas palabras de la ley: "Cuídate de no olvidarte de Jehová . . . "

Cristiana se detuvo abruptamente. *Tal vez no debiera ir*, pensó. *¿Qué haré si lo veo? Oh, ¡qué tontería! Seguramente se ha ido.* Pero no estaba segura. *Además, debo ayudar a mi madre.* Cristiana se mintió a sí misma. Quería ver a Kosmos. Quería averiguar si todavía se encontraba en el pueblo. Quería hablar con él, sentir sus ojos, su contacto. En lo profundo de su corazón sabía que su deseo era incorrecto, pero aun así lo deseaba. Nada más que ese inocente vértigo de flirtear una vez más . . . ese placer que acarrea una fuente nueva e inesperada . . . el inexplicablemente misterioso éxtasis del momento.

Cristiana merodeó por el mercado por espacio de una hora, deteniéndose en cada puesto, conversando animadamente con los vendedores, preguntándose si por casualidad Kosmos la estaría mirando desde lejos. Estaba muy alegre . . . una alegría que no había tenido durante mucho tiempo. Aun así, se sentía nerviosa. Buscaba en cada rostro. *¡Cur! Si tan sólo pudiera encontrarlo a Cur. Podría hacerlo ladrar nuevamente y quizás . . .* Pero Cristiana no pudo encontrar a Cur.

Desilusionada y sintiéndose casi engañada, con aquel entusiasmo ya desaparecido, Cristiana comenzó a dirigirse a su casa cuando de repente se detuvo, miró hacia el sol y pensó: *Mi madre no me necesita todavía. Además, no puedo soportar estar en casa.* Caminaría por el campo . . . pero no iría a la caverna. Hoy no quería pensar en Josué.

Justo cuando estaba por irse del mercado lo vio. Se había dado vuelta para echar un vistazo final y allí estaba . . . de pie, en medio de la plaza, mirando lo que le rodeaba. Cuando sus ojos se encontraron, una sonrisa de oreja a oreja surgió en el rostro a Kosmos. Cristiana sabía que era por ella. Bajando la cabeza y los ojos, ella dio una vuelta y caminó con rapidez hacia el campo. Si él la seguía, nadie los vería conversando. Las personas simplemente no entenderían.

Cristiana nunca volvió a mirar atrás. Sólo caminaba, pateando de vez en cuando una piedra y haciéndola deslizar graciosamente. Por último, escuchó su voz detrás de ella.

— ¡Eh! ¡Eh! Estamos solos. ¡Ahora podemos hablar!

Qué inteligente, ¿no? ¡Y suena como si lo supiera! Cristiana se detuvo, se dio vuelta y lo miró fijamente con sus grandes ojos marrones.

— No soy un burro. No tienes que decirme: ¡Eh! Mi nombre es Cristiana.

Kosmos movió su cabeza hacia atrás y rió, lo cual penetró el corazón de Cristiana como si fuera una flecha. Le encantó.

¡Qué maravilloso era estar ante la presencia de un hombre con ojos que sólo expresaban admiración por ella como mujer! ¡Ella revelaba su femineidad! ¡Qué divertido era descubrirse mutuamente, mirar el rostro de él, disfrutar de su forma de caminar, admirar su masculinidad! ¡Cristiana estaba tan cansada de las mujeres!

Conversaron y caminaron por un buen rato antes que Cristiana finalmente, y con cautela, le explicara su situación a Kosmos: estaba comprometida con un hombre muy refinado al que nunca en su vida había visto.

— Sabes Kosmos, para una judía, el hecho de estar comprometida significa prácticamente lo mismo que estar casada — le explicó Cristiana, convencida de que Kosmos, por el hecho de ser un gentil, no conocía sus costumbres.

"Se trata de un pacto que sólo puede ser cancelado por el divorcio, y únicamente por infidelidad. Pero por supuesto, Josué nunca se divorciaría de mí por eso — la voz de Cristiana repentinamente se llenó de orgullo —, porque me ama incondicionalmente. Es algo poco habitual. Moisés escribió en el Deuteronomio, uno de nuestros libros de la ley, que si un hombre toma a una esposa y descubre que ella no es virgen, y las ropas de su cama no dan prueba de su virginidad, se la puede apedrear. Por supuesto, en estos días casi no se apedrea a las mujeres, pero algunas se divorcian."

Cristiana parecía tener una norma más elevada cuando observó con orgullo el rostro de Kosmos.

— Pero Josué afirmó que aun cuando yo tuviera un desliz — le dijo —, nunca me abandonaría. Me aseguró que debido a que nos hemos comprometido por medio de un pacto, nunca me dejaría ni me abandonaría. Está escrito en nuestro contrato matrimonial.

Cuando Kosmos escuchó esas palabras, se acercó a Cristiana y tomó su barbilla con sus dedos para que no pudiera girar el rostro. Luego la miró fijamente a los ojos.

— Cristiana, si fueras mía yo no permitiría que otro te tocara — le dijo Kosmos —. Serías solamente mía o no serías de nadie.

El contacto, la mirada, las palabras eran muy expresivas. Durante un momento, sólo un momento, Cristiana se preguntó si Josué realmente la amaba. ¿Cómo podía amarla con pasión y a la vez aceptarla incondicionalmente o compartirla, aunque sólo fuera una vez, con otro? Esta era una relación real, no una que iba a darse en un futuro incierto y desconocido. Una relación que . . . bueno, era difícil de explicar. Todo lo que Cristiana sabía era que no quería que terminara. Ella deseaba a Josué, pero también deseaba a Kosmos.

Kosmos escuchó con atención mientras Cristiana le contaba que nunca podrían ser más que amigos.

— Estoy comprometida. Josué podría llegar en cualquier momento.

— ¿Cuánto has estado esperando, Cristiana?

— Algo más de dos años — respondió con un dejo de vergüenza en la voz.

— ¡Dos años! ¡Dos años! — prácticamente gritó Kosmos —. ¿Cómo puede un hombre esperar dos años hasta tomar a una mujer como tú como esposa? ¿Te ha visto alguna vez?

— Sí, pero . . . — tartamudeó Cristiana.

— Yo nunca te haría esperar. Yo no pudiera esperar. No descansaría hasta que fueras mía, hasta que te hubiera devorado, consumido.

Sus palabras le agradaron y la inquietaron a la vez. Una excitación seductora le hizo sentir calor, pero al mismo tiempo se sentía llena de una culpa que le impedía experimentar paz y alegría. Era el mismo sentimiento que había sentido cuando se conocieron en el mercado. Se había sonrojado. Tenía que irse.

De repente Kosmos se puso frente a ella. Haciendo gestos ampulosos, con los brazos extendidos, las palmas hacia afuera, los dedos abiertos, el rostro casi rojo de ira.

— ¿Estás segura de que Josué te dijo esas cosas? Y si las dijo, ¿crees que realmente las dijo en serio? — exclamó.

La voz de Kosmos era cada vez más fuerte, enfatizando con sus manos cada oración que pronunciaba.

— Te está mintiendo, Cristiana. En realidad no te ama. Si te amara, no te haría esperar. Ya sé. Ya sé. Tú dices que él vendrá, ¿pero dónde está?

Súbitamente, con gran ampulosidad, echó hacia atrás la cabeza hasta mirar el cielo. Luego se mantuvo de pie, moviendo la cabeza de un lado al otro.

— ¿Cómo puede hacerte esto? ¿Cómo puede hacerte esto?

Se dio vuelta y la volvió a mirar.

— ¡Eres joven! ¡Eres hermosa! Tienes necesidades, deseos que deben ser satisfechos. Cristiana, querida Cristiana, escúchame, créeme, Josué no te ama. No podría amarte y hacerte esto. Te está mintiendo.

Kosmos buscó su mano, pero Cristiana la retiró. Repentinamente se sintió confundida. Tenía que irse. *Oh, ¿por qué nuestro día tenía que terminar así?* Lentamente comenzó a alejarse de él.

— Kosmos, debo irme a casa. Debo irme ahora. Mi madre me está esperando. Por favor, no me sigas. Nadie lo comprendería. Mi padre se pondría furioso. Debo irme.

Habiendo dicho eso, se dio vuelta y casi corriendo, atravesó el campo.

Kosmos corrió detrás de ella.

— ¡Espera! ¡Espera! ¿Podemos volver a hablar mañana? ¿Podríamos encontrarnos aquí, en el campo o en alguna de las cavernas? Nadie lo sabría.

— No lo sé, Kosmos. Me siento confundida. No puedo pensar en este momento. Tal vez a las cuatro de la tarde . . . oh, no lo sé . . . tal vez no.

Parecía que Kosmos elegía sus palabras con mucho cuidado.

— Cristiana. Estaré aquí esperándote. Si vienes, yo no te haré esperar.

Cristiana advirtió la inflexión de su voz cuando enfatizó la palabra "yo".

℘

Cristiana casi no pudo probar bocado de la deliciosa comida que había preparado su madre y pensó que la cena nunca terminaría. Todo lo que quería era estar a solas, pensar.

Fue otra larga noche . . . una noche de dar vueltas en la cama mientras los pensamientos se agolpaban en la mente. *¿Josué me ha estado mintiendo? ¿El amor, el amor verdadero me haría esperar? ¿No me desea lo suficiente como para darse prisa?* Repentinamente, el miedo se apoderó de su corazón. ¿Y si Josué y Eliezer mintieron? ¿Y si la engañaron? ¿Y si Shaddai estaba muerto y Josué era un viejo rico y decrépito? ¿Y si no tenía hogar adónde llevarla? ¿Y si toda estas palabras respecto a proveer todas sus necesidades era algún tipo de artimaña? ¿Y si la haría esperar hasta que ningún otro hombre la deseara?

¿Qué dijo Kosmos? Cristiana trató de recordar palabra por palabra, pero cuando lo hacía, las palabras de las cartas de Josué venían a su memoria. Las hizo a un lado.

Finalmente, se quedó dormida . . . soñando una pesadilla tras otra.

Capítulo
nueve

ristiana vio a Kosmos al día siguiente. Llegó al campo a eso de las cinco de la tarde. Él la estaba esperando. ¡Qué bien la pasaron simplemente riendo y hablando! Oh, ¡cómo lo disfrutó Cristiana! El nombre de Josué no se pronunció ni una sola vez en el curso de la conversación. Kosmos no la tocó, ni intentó hacerlo. Ella se sentía feliz. Esa noche no sintió culpa alguna por sus emociones, ya que nadie las había despertado. No se sentía sucia, impura, manchada. En cambio, mientras pensaba en el tiempo que habían pasado juntos, Cristiana comenzó a verse a sí misma de una manera totalmente diferente.

Kosmos había vuelto a encender su chispa de independencia. Además, le había hecho ver la potencialidad que había en ella, algo que ella nunca antes había advertido. ¿Qué quería ella? Con sólo pensarlo, era suyo. Eso le había dicho Kosmos.

"Cristiana, ¡puedes hacer cualquier cosa que te propongas! Nunca he visto una mujer más capaz que tú. Eres una luchadora, Cristiana. Y no eres judía, también eres gentil. Oh, Cristiana, en el mundo de donde yo provengo, las mujeres no son esclavas, no son propiedades de nadie. Muchas tienen sus propios negocios. Viajan. Son libres, Cristiana, tan libres como Dios quiso que fueran. Seguro que tu Jehová no creó a la mujer para que estuviera sojuzgada por el hombre.

Quiso que fueras feliz, que te sintieras plena, alcanzando tu plena potencialidad."

Durante varias semanas, Kosmos y Cristiana se estuvieron encontrando en el campo. Ella se sentía mejor acerca de su relación con Kosmos. No se sentía avergonzada, todas sus tontas emociones estaban bajo control. Aun cuando a veces sus deseos se encendieran debido a una mirada o a un roce accidental, había aprendido a manejarlos de inmediato.

Después de todo, soy una mujer, razonó, *es lógico que sienta de este modo. Es natural. No puedo controlarlo. No hay necesidad de huir y estropear una verdadera amistad.*

Todas las noches, cuando Cristiana se preparaba para irse a dormir, observaba su traje y se acordaba de que debía estar preparada en caso de que Josué viniera a buscarla. Sin embargo, si no lo hacía pronto, no importaba. Ella podía esperar. No había ningún apuro. Tenía todo bajo control. Además, la vida ya no era aburrida ni rutinaria. Los momentos que compartía con Kosmos eran una experiencia nueva cada día.

Había pasado mucho tiempo desde que había leído las cartas de Josué por última vez, pero de todos modos sabía lo que contenían. Como sugerencia de Kosmos, estaba leyendo otros pergaminos que él le había dado. Después de todo, quería alcanzar todo su potencial. ¡Había todo un mundo por descubrir! Si Josué era tan rico como ella suponía, debía estar preparada para manejarse en su mundo. Inclusive podría tener un negocio propio. Por cierto Josué lo admiraría . . . y de no ser así, debería hacerlo.

Sintiéndose relajada y cómoda, Cristiana dejó de lado su ansiedad respecto a su relación con Kosmos. Sabía que a él le encantaría desposarla, pero parecía haberse resignado a ser simplemente un amigo. Cristiana estaba entusiasmada. Disfrutaba mucho de su compañía. Por lo tanto, no le molestaba demasiado cuando, ocasionalmente, mientras caminaban, él se aproximaba y tomaba su mano entre las suyas. Nadie los veía. Nadie lo sabía. Y ambos comprendían que no pasaría de allí.

Además, era agradable de vez en cuando sentir una mano firme y masculina.

⌓

Entonces ocurrió. Un día en que caminaba en su campo de la amistad, como lo llamaban, se desató un chaparrón. Era uno de los primeros aguaceros de la estación de las lluvias que cada año caía sobre su tierra. Mientras las grandes gotas de lluvia caían sobre ellos, se reían y se dirigían hacia la colina.

"Hay una caverna allá arriba en la que podemos refugiarnos hasta que pase la tormenta — gritó Cristiana —. Sígueme."

Salió corriendo y Kosmos la siguió.

Cuando Cristiana llegó a la entrada de la caverna, se dio vuelta abruptamente para gritarle a Kosmos que se diera prisa, sin darse cuenta de que estaba a su lado. Al girar, lo hizo tambalear. Tratando de sostenerlo para evitar que se cayera, él se resbaló en las piedras lisas de la entrada de la caverna y ambos rodaron por el piso. Mientras rodaban, Kosmos amortiguó la caída de Cristiana con su cuerpo de modo tal de que ella cayera sobre él. A esas alturas estaban empapados y comenzaron a reírse a carcajadas. La risa de Cristiana se apagó cuando enterró su cabeza en el pecho de Kosmos.

De repente advirtió que Kosmos ya no reía. Estaba inmóvil debajo de ella. Levantando la cabeza y apoyando las manos en su pecho, miró su rostro. La risa había sido reemplazada por la pasión. Avergonzada, se apartó de él, sin dejar de mirarlo fijamente. Una vez de pie y retirando el velo que colgaba a un lado de su cabeza, Kosmos la tomó por sus cabellos de manera delicada y acercó sus labios a los de ella.

Cristiana no se resistió. Había sido tentada por un placer del que, por el momento, no quería escapar. La carnada era demasiado dulce, demasiado deliciosa para su gusto. No advirtió cuán amarga sería más tarde.

La amistad de Cristiana con Kosmos se murió . . . al convertirse en adulterio.

Capítulo
diez

rompetas! Medio despierta aún, Cristiana se sentó en la cama y escuchó con atención. Nadie se movía. Salió corriendo de su habitación, casi frenéticamente, para llegar al techo de la casa. Desde allí podía ver claramente la calle principal que conducía a su pueblo. No había tantas casas de dos pisos que obstaculizaran su camino. Pero no vio ninguna luz, no escuchó ningún canto, ningún grito de regocijo, ninguna procesión por las calles.

Por espacio de varias noches se había despertado del mismo modo. *Debo estar soñando de nuevo. Pero es tan real . . . Oh, Dios, ¿qué haré cuando él venga? ¿Cómo podré mirarlo?*

Cristiana se dirigió de regreso a su cuarto. El contacto de sus pies con la humedad del mosaico era una sensación agradable. Ansiaba recostarse y refrescar su rostro contra el piso. Pero para no despertar a sus padres y provocar todo tipo de preguntas, volvió a su habitación. Sabía que ya no podría seguir conteniendo las lágrimas. Eran su alimento día y noche. Afortunadamente, sus padres creían que simplemente estaba atravesando un período de depresión después de haber esperado tanto para ser buscada por su novio.

Al entrar a su cuarto, la luz de la lámpara de aceite iluminó el brillante lino de su traje de bodas. Hacía casi dos años desde que lo había terminado, pues hacía ya casi tres años que estaba esperando. Mañana sería el primero de Tishri, y los hombres de su pueblo se dirigirían a Jerusalén para la fiesta de los tabernáculos. ¿Cuándo iría ella a Jerusalén con su Josué? ¿Cuándo sonarían las trompetas, no por la fiesta de las trompetas ni por el Día de Expiación, sino anunciando la llegada de su novio?

Había pecado, y lo sabía. Había sentido un dolor tan grande como la muerte misma. De no haber sido por las cartas de Josué, de no haber sido por la seguridad de que él la conocía por completo y aun así la amaba, de no haber sido por la certeza de su pacto, se hubiera quitado la vida. ¡Oh, cuánto apoyo le habían brindado las cartas de Josué! Sus palabras se habían vuelto más preciosas que la comida. Ahora, día a día, momento a momento, se aferraba a cada palabra suya, a cada promesa suya. *Tengo que creer que Josué es quién dice que es. Si no lo fuera, entonces no habría perdón . . . si no lo fuera, la vida no tendría ningún sentido para mí.* ¡Sus palabras eran su vida! Sin ellas se hubiera quitado la vida.

Cristiana no había vuelto a ver a Kosmos desde ese día en la caverna. No quiso volver a verlo. El placer se había terminado en muy corto tiempo, pero seguía luchando incesantemente con los "por qué". *¿Por qué me dejé llevar por mis deseos de juventud? ¿Por qué dudé de las palabras de Josué? ¿Por qué creí en una mentira? ¿Por qué pensé que podría ser amiga de alguien como Kosmos y no contaminarme por ello?*

Pese a todo ello, Cristiana no sentía amargura. Aun cuando Kosmos no había intentado volver a verla, no sentía enojo. No albergaba ningún sentimiento de rencor hacia él. Se había dado cuenta de que él había logrado su objetivo. Se mantuvo a un lado, hizo una buena jugada, esperó hasta que llegara el momento oportuno y obtuvo lo que deseaba. Pero Kosmos no la había violado a ella ni a su alma. Después de todo, ella no se resistió. No pidió ayuda. En un sentido muy real, él la había usado sólo para satisfacer su placer . . . y ella lo había permitido. Reconocía su pecado. Aceptaba la responsabilidad por sus actos.

"Sin embargo, nunca me destruirás ni me alejarás de Josué. No triunfarás, Kosmos. Te demostraré que estabas equivocado respecto a Josué. Él me ama incondicionalmente." Si bien estaba sola, pronunció estas palabras en voz alta y con gran resolución. "Josué dijo que me amaría incondicionalmente. Me prometió que nunca me abandonaría pasara lo que pasare. Me aferraré a sus promesas. ¡No dejaré que me destruyas ni me quitaré la vida! En cambio, lo tomaré como un sacrificio de amor ante los pies de Josué." Lo soportaría.

No obstante, había algo a lo que Cristiana le temía: ¿Qué haría cuando viera a Josué? ¿Cómo . . . cuándo se lo diría? *Oh, Josué, Josué, ¿por qué te hice esto a ti? En contra tuya y en contra de mi Dios he pecado y he hecho esta cosa horrible a tus ojos. Oh, Dios, lávame. Lávame y seré más blanca que la nieve.*

Dios la lavaría, ella lo sabía, pero nunca más estaría bajo la *jupá* de Josué como una virgen. Había pecado con la carne y de la carne había cosechado corrupción.

La estera de Cristiana nuevamente se había mojado con sus lágrimas. Eran lágrimas de pena que la habían conducido a un verdadero arrepentimiento, pero también eran lágrimas, y ella lo sabía, que nunca habría tenido que derramarlas si sólo hubiera huido el día en que conoció a Kosmos. Entró en un sueño profundo. Luego, nuevamente . . . las trompetas.

Capítulo
once

De eso se trata, es Tishri!", *murmuró Cristiana mientras se sentaba. Con los ojos todavía cerrados, se cubrió la cabeza con las cobijas. Sus ojos estaban hinchados de tanto llorar y todavía no estaba preparada para enfrentar la luminosidad del sol de la mañana. Arrellanada en su estera pensó:* ¡Si fueran las trompetas de Josué! *Las trompetas habían sonado dos veces, por lo tanto, Cristiana sabía que no era otro de sus sueños. Por cierto había estado bien despierta cuando las escuchó por segunda vez.*

El sueño se fue, pero se sentía descansada. Colocándose boca arriba, se estiró y decidió afrontar la luz de la mañana. Mientras se estiraba, nuevamente escuchó el sonido de las trompetas. Parecían sonar con más fuerza.

Cristiana abrió los ojos. ¡Era de noche! A esas alturas, la adrenalina recorría sus venas, casi catapultándola de la cama. Corrió y se dirigió al techo. El aire de la noche que la recibió era fresco y agradable. Las estrellas y la luna brillaban en todo su esplendor, sin ninguna nube que las tapara.

Mirando hacia el camino que conducía a su pueblo, vio en la distancia lo que parecían ser cien lucecitas esparcidas como la estela de una estrella fugaz. Luego el sonido de la trompeta le atravesó el corazón.

— ¡Josué! — gritó —. ¡Josué, oh Josué, eres tú!

Corrió hacia dentro de la casa, gritando con deleite: "¡Ha venido! ¡Finalmente ha venido! ¡Josué viene!" Entró corriendo en la habitación de sus padres, casi atropellando a su madre.

"¡Padre, padre, apúrate! ¡Levántate! ¡Vístete con tu traje de bodas!"

Bernice y Massah se miraron y sonrieron aliviados. Estaban preocupados por su hija. Se había pasado horas y horas a solas en su cuarto, leyendo y releyendo las cartas de Josué. Su pan parecía ser el pan del dolor. Las bolsas debajo de sus ojos, hinchados por el llanto, les habían causado gran preocupación. ¡Es que Cristiana estuvo aguardando durante tres años! ¿Qué otra cosa podía esperarse? Era demasiado tiempo para que una joven virgen esperara, especialmente sin haber visto al que sería su novio.

— Oh, padre, ¿crees que nuestros amigos y parientes hayan escuchado las trompetas?

— Sí, Cristiana, sí. No te preocupes, hija mía. Tú sabes que los hombres de la procesión tocarán todas las puertas y convocarán a todas las personas. Y las mujeres . . . tú sabes cómo son las mujeres . . . correrán a los techos y difundirán el mensaje como si se tratara de un incendio. Apuesto a que puedes escucharlas ahora mismo.

"¡La voz del novio está en las calles! ¡He aquí, he aquí, llegó el novio! — gritó Massah tapándose la boca con las manos e imitando así la voz chillona de una mujer.

"¡Date prisa! ¡Corre! ¡Empieza a prepararte, sino Josué vendrá y no estarás lista! — le dijo divertido a Cristiana."

Mientras Cristiana levantaba su túnica y corría fuera del cuarto, su madre, que estaba casi tan entusiasmada como ella, gritó: "En seguida estoy contigo, Cristiana."

Cuando Cristiana llegó a la puerta de su habitación, se detuvo abruptamente. Algo le golpeó como una piedra. *Voy a verlo. Voy a ver a Josué.* Había que decir esas palabras. ¡Había que gritarlas! Y eso es lo que hizo: "¡Voy a ver a Josué cara a cara! ¡Voy a ver a mi novio!" La alegría del momento había logrado cubrir el dolor provocado por su transgresión. Su vestimenta de luto había sido reemplazada por el óleo de gozo.

Tomando las vasijas de los perfumes y aceites especiales preparados para este día, Cristiana comenzó a untar su cuerpo. Mirándose en el espejo de plata pulida, otro regalo de su novio, Cristiana esparció aceite sobre su tez y luego comenzó a cepillarse el cabello. Lucía negro como el azabache. Lo mantendría suelto hasta llegar a la casa de Josué. Allí, sus criadas lo entrelazarían con perlas y oro.

Mientras Cristiana se ponía su vestido de boda, podía escuchar los gritos de alegría y júbilo que provenían de la calle. Liras, flautas, tambores y otros instrumentos musicales se convirtieron en heraldos del novio que se aproximaba. La conmoción era enorme. Parecía que todo el pueblo había salido a las calles. Algunos de ellos se sonrojaban cuando eran asidos por bailarines y arrastrados a la celebración en medio de gritos como: "Y tú dijiste que Josué, el hijo de Shaddai, ni siquiera existía. ¡Aquí está! ¡Es Josué! ¡Míralo!"

Y allí estaba . . . Josué, hijo de Shaddai, de la ciudad sagrada de Jerusalén. El aroma de su túnica llenaba las calles con las fragancias de incienso y mirra. Su cinto no era de brillantes y coloridas sedas, ¡sino de oro! La majestuosidad y el poder parecían irradiar desde la punta de su magnífica corona de oro hasta la punta de los pies, que parecían de bronce bruñido cuidadosamente calzados en sandalias muy lujosas. No sólo parecía ser un rey. ¡Parecía como un rey de reyes!

Las bocas que se habían reído, mofado o ridiculizado, las bocas que habían subestimado a Cristiana, que no habían creído en la existencia de Josué o en la realidad de su compromiso, súbitamente se callaron. Extrañamente, recordaron y se sintieron responsables por lo que habían dicho. Pero aun así no corrieron ni se escondieron. No podían hacerlo. Parecían estar paralizados por el temor.

Los que se habían negado a recibir los vestidos de boda, ahora querían ser incluidos en las fiestas. Algunos corrían de uno a otro gritando: "Véndeme tu prenda de bodas." Pero ninguno lo haría, por ningún precio. Esta era una boda a la que no querían faltar y sabían que no entrarían sin la vestimenta apropiada.

Los que se habían excusado, estaban apenados porque sus excusas parecían fútiles ante el acontecimiento que se desarrollaba ante sus ojos.

Los que tenían antorchas o lámparas corrían con frustración intentando comprar aceite para poder unirse a la procesión que partiría de la casa de Cristiana hacia Jerusalén. ¡Nunca, nunca antes en el pueblo de Cristiana se había visto una procesión de boda como esta! Una enorme cantidad de hombres habían acompañado al novio desde Jerusalén. Las calles estaban atestadas y en ellas resonaba el eco de los gritos de alegría. Hasta parecía que las distantes montañas cantaban y que los árboles aplaudían de felicidad.

Cuando la procesión llegó a la casa de Massah, la casa estaba colmada de parientes y amigos íntimos, todos muy entusiasmados. Se escucharon exclamaciones de admiración cuando Cristiana entró al patio. Allí estaba ella, de pie, vestida con el lino más fino, brillante y limpio, con una corona de oro sobre su cabeza. Dedos arrugados, que habían verificado la calidad de más de un vestido de bodas, tocaron el brillante lino fino de su vestimenta, dando gestos de aprobación. Luego habló la mujer más anciana: "Cristiana, estás preparada como una novia adornada para su esposo."

¡Había llegado el momento! En medio de gritos de alegría y de la música que provenía de una gran cantidad de instrumentos de cuerda, se abrió de repente la puerta de la casa de Cristiana y Josué cruzó el umbral.

"¡Josué!"

El murmullo de reverencia y admiración pronunciado por Cristiana fue escuchado por todos, y, como en los tiempos antiguos del caudillo Josué, el sol, la luna y las estrellas parecían estar inmóviles. Ver a Josué era como dar un paso hacia la eternidad donde el tiempo ya no tiene importancia. En un patio lleno de personas, los dos estaban a solas. Cuando Josué habló, su voz era como el estruendo de muchas aguas.

"Qué bella eres, mi amada. ¡Qué bella eres! Tus ojos parecen dos palomas."

Los ojos de Cristiana nunca dejaron de posarse en los de Josué ni tampoco deseaban hacerlo. Nunca en toda su vida había visto ojos como esos . . . no tenían mácula, como si nunca hubieran visto algo malvado o impuro. No había rastro alguno de lascivia, codicia, sensualidad, ni siquiera de orgullo. Por el contrario, parecían ser pozos de amor profundo y rodeados por majestuosidad y poder. Sin vergüenza, él la acarició, la abrazó, la alabó. Su mirada le hizo sentir una seguridad que nunca antes Cristiana había imaginado posible.

"Qué bien parecido eres, mi amado — dijo Cristiana sin dejar de mirar a Josué —. Y tan agradable. Mi amado es semejante al corzo o al cervatillo. Helo aquí, está tras nuestra pared."

Habiendo escuchado las palabras de Cristiana, Josué estrechó sus manos y Cristiana caminó hasta que se tocaron y sus dedos fueron cubiertos por los de Josué.

— Nadie te arrebatará jamás de mis manos — afirmó Josué.

— Mi amado es mío, y yo suya. Y conmigo tiene su contentamiento — respondió Cristiana.

— Levántate, oh amiga mía, hermosa mía, y ven. Un lugar que he preparado sólo para ti, te está esperando — dijo él.

Se fueron de la casa en medio de bendiciones mientras los parientes de Cristiana gritaban: "Tú eres nuestra hermana. Que seas la madre de miles de millones y que tu semilla posea la puerta de los que les aborrecen."

Capítulo doce

El viaje hacia Jerusalén fue un viaje lleno de alegría. Las damas de honor, que se habían unido a la procesión luego de que Josué partiera con Cristiana desde su casa, no podían dejar de hablar acerca de la magnificencia de todo lo que veían. Vaya, Josué hasta había traído consigo una hermosa carroza para que Cristiana viajara. Sesenta hombres fuertes de Israel, armados con espadas, la rodeaban. ¡Les encantaba!

Mientras Cristiana, sentada en su magnífica carroza, intentaba hacerse un panorama general de lo que veía, ¡la agonía de sus tres años de espera parecía insignificante en comparación con la gloria de este único acontecimiento! En realidad, excedía en mucho todo lo que ella podía haber deseado o pensado, tal como se lo había prometido Josué.

Entonces, por un instante, Cristiana recordó los ojos de Kosmos. Se habían convertido en cloacas subterráneas, en letrinas que buscaban ahogarla, como a muchos otros, en la lujuria de sus propias pasiones. Ahora Cristiana lo comprendía. Era la diferencia entre la oscuridad y la luz, entre la muerte y la vida, entre el cielo y el infierno. Viajando en su carroza matrimonial, precedida por su esposo, protegida por sus huestes armadas, dirigiéndose a un lugar especialmente preparado para ella, Cristiana supo que había nacido para esto: para ser la esposa de Josué, el hijo de Shaddai.

La magnificencia de la casa de Shaddai literalmente hubiera desconcertado a Cristiana si no la hubieran llevado antes a una cámara de espera, repleta de mujeres que estaban ansiosas porque ella se refrescara de su viaje. Algunas le trajeron bebidas y bocadillos. Otras trajeron consigo aceites perfumados y especias. Luego comenzaron con la tarea de trenzar su cabello con exquisitas hebras de perlas y oro. Cuando terminaron, su cabello fue ocultado tras un pesado velo.

Cuando Cristiana se puso de pie para seguirlas, se detuvo tan abruptamente que casi la dejan atrás en la habitación. Al darse cuenta de que estaban todas menos la novia, las mujeres regresaron, casi al unísono, y la miraron como si hubieran estado dirigidas por una mano invisible. Esto la hizo reír a Cristiana.

"Les ruego que me perdonen — dijo —. Es que estoy enferma de amor." Eso era todo lo que podía decir con total sinceridad. Ser la novia de Josué era una enorme gracia, ¡un favor inmerecido!

A todas les encantó su cándida franqueza. No era orgullosa. No estaba avergonzada. No era una simuladora. ¡Esta novia no se daba aires! Vieron su pobreza de espíritu y la aprobaron.

Condujeron a Cristiana hacia un salón de banquetes palaciego iluminado por una brillantez invisible. Allí, si bien estaba rodeada de magníficas paredes de oro y piedras preciosas, Cristiana era el centro de atención. Todos los ojos se posaban sobre ella mientras se acercaba a su esposo que estaba debajo de la *jupá*.

Antes de sentarse y de dar comienzo al festejo, Cristiana miró a Josué y le dijo: "Como el manzano entre los árboles silvestres, así es mi amado entre los jóvenes; bajo tu sombra me deleito y me siento, y tu fruto es dulce a mi paladar. Me has traído a mí, Cristiana, tu novia, a la casa del banquete, y tu *jupá* sobre mí es amor. Susténtame con pasas, confórtame con manzanas; porque estoy enferma de amor. Deja que tu mano izquierda esté debajo de mi cabeza, y que tu derecha me abrace."

ℭ

Las fiestas duraron horas y horas. Luego de que el encargado de la fiesta devolviera los agradecimientos y bendijera el vino, los invitados se pusieron de pie uno tras otro para dar sus bendiciones a Josué y a Cristiana. Entre bromas se intercalaban bendiciones. La alegría y el alborozo prevalecían. Pero nadie, salvo la novia y el novio, estaba más satisfecho que Shaddai.

Shaddai miraba a Josué y a Cristiana y se sentía satisfecho. ¡Total, completa y absolutamente satisfecho! Su familia estaba completa. *Bueno, completa salvo por Raquel*, pensó Shaddai. *Y algún día, Raquel, mi infiel esposa, tú volverás. Oh, Raquel, Raquel, cuántas veces quise protegerte como una gallina protege a sus polluelos, pero tú no quisiste venir a mí.*

Los años habían sido muy amargos para Josué y Shaddai. Una y otra vez Shaddai le había rogado a Raquel que regresara a él, sin resultado alguno.

Al igual que Cristiana, Raquel no había sido nadie hasta que Shaddai la encontrara. Sucia y desnuda, todavía con su cordón umbilical sin cortar, era un bebé abandonado en un campo. Shaddai la había recogido y la había visto crecer hasta convertirse en mujer. Luego se casó con ella. ¡Nada era lo suficientemente bueno para ella! Vestía los linos más finos y las ropas mejor bordadas, estaba adornada con ornamentos de oro y plata. Shaddai la admiraba y Raquel lo admiraba a él, siguiéndolo dondequiera que fuera.

Shaddai no pudo evitar un suspiro al mirar a los novios. Le recordaba los primeros años de devoción de Raquel. Pero su devoción había comenzado a desvanecerse a medida que se difundió la fama de su belleza. Atrapada por su propia belleza y la admiración de los hombres, se entregó a cualquiera que pasaba por allí, llevando consigo las hermosas ropas y los bellos ornamentos que su esposo le había regalado y usándolos para su prostitución.

El tiempo no había sanado la herida de Shaddai, pero se negó a llorar. Este no era un momento para llorar, sino para regocijarse, un día que él y Josué habían esperado desde hace mucho tiempo. Si bien Raquel no estaba allí para disfrutarlo, Shaddai confiaba en que un día sería nuevamente suya. En realidad, había escuchado que la habían vendido como esclava y sus planes ya estaban trazados. La compraría para liberarla de la esclavitud, la perdonaría y le volvería a dar su lugar, junto a él. ¡Eso le demostraría que su amor era incondicional!

Tal vez Raquel no se conocía ni se comprendía a sí misma, pero Shaddai sí. Él sabía que ella regresaría a su lado, temblando ante su bondad. Nuevamente sería única y solamente suya. *Oh, Josué, Josué*, pensó Shaddai. *¡Vaya celebración tendremos ese día! Entonces todo estará completo, tal como lo he planeado, tal como nos lo hemos propuesto. Todo ocurrirá cuando se cumpla el tiempo.*

En ese instante, Josué cruzó su mirada con la de su padre y le guiñó un ojo. Mientras Josué asentía con la cabeza hacia Cristiana, su dedo apuntaba desde el lugar de Cristiana en el trono al lugar que él ocupaba en el suyo, y luego a Shaddai y al trono vacío que estaba a su lado. Shaddai asintió casi imperceptiblemente y sonrió. Él sabía que su hijo estaba al tanto de sus pensamientos acerca de su madre. Ambos confiaban en que Raquel regresaría. Nuevamente, Shaddai recordó las últimas semanas, cuando Raquel fue el tema de conversación entre ellos. Mientras Josué preparaba sus aposentos para la llegada de Cristiana, Shaddai no podía evitar pensar en Raquel y en el momento en que se habían desposado, y sintió la necesidad de hablar acerca de esto. Cuán agradecidos estaban este padre y este hijo de tenerse uno al otro. De este modo, los años de espera por sus esposas se habían vuelto más tolerables.

Shaddai también recordaba cuán ansioso estaba su hijo por ir en busca de su novia. Pero como padre, debía asegurarse de que todo estuviera preparado antes de darle permiso para partir.

"Todo a su debido tiempo, hijo mío — había dicho Shaddai —. Cristiana necesita este tiempo de preparación, este tiempo de consagración. Después de todo, ella reinará sobre todo lo que yo poseo. Deberá estar lejos para aprender cómo reinar y gobernar a la altura de ser la esposa de Josué, la hija de Shaddai. Su destino es un trono. Tu madre no aprendió. Se olvidó de dónde provenía, de quién era y su corazón se enalteció. Esto no puede ocurrirle a Cristiana. Debe atravesar un período de prueba . . . no más de lo que pueda soportar, pero así debe ser."

En las ocasiones en que Shaddai hablaba de este modo, Josué intercedía en favor de Cristiana.

— Pero padre, ¿y si es tentada? ¿Y si tambalea? ¿Y si su amor por mí se desvanece? Después de todo, es duro, padre, yo lo sé. Es duro para mí. Además, nunca me ha visto. ¡El único contacto que hemos tenido ha sido a través de mis cartas y de Eliezer!

— Hijo, hijo mío . . . ruego porque no sea tentada. Pero si lo es, la pregunta es si quedará atrapada en la tentación o se arrepentirá. Si tambalea, se levantará. Se arrepentirá. Yo lo sé, hijo. Confía en mí.

— Padre, te creo . . . pero oh, por favor déjame ir a buscarla cuanto antes.

Shaddai meneó la cabeza. Nunca olvidaría el día en el que entró a las habitaciones de Josué, miró en derredor y exclamó: "¡Perfecto! ¡Magnífico! Justo para una novia adornada para su esposo. Ve, date prisa, hijo. Cristiana está preparada. ¡Te está esperando!"

Ahora su familia estaba completa. Finalmente, todo lo que él y Josué habían planeado había sucedido en el devenir del tiempo. La eternidad se extendía delante de ellos . . . y era suya, para gozarla.

Pensando que había llegado el momento de llevar la *jupá* a la cámara nupcial de Josué, Shaddai llamó a sus criados: "Luego de que yo dé la bendición, tomen el estandarte y colóquenlo sobre la cama de Josué."

☙

Josué había estado observando atentamente a su padre, puesto que Shaddai seguía siendo un modelo para él en todos los sentidos. Al verlo ponerse de pie, Josué supo que había llegado el momento en que él y Cristiana recibirían la bendición de Shaddai.

De pie uno junto al otro, Shaddai comenzó: "Este es mi hijo amado en el cual tengo complacencia. Él me ha glorificado aquí en la tierra con la gloria que yo le he dado. Nunca ha dejado de manifestar a los hombres todo lo que significa mi nombre. Por lo tanto yo, en este momento, lo exalto con un nombre que está por encima de todo nombre y deseo que el homenaje del que he sido objeto también le sea dado a él."

Luego se dirigió a su amada hija.

"Cristiana, espero que tú y Josué sean uno, como Josué y yo somos uno, tú en él y él en ti. Que siempre sean una unidad perfecta. Todo lo que es mío ahora es tuyo. Juntos, son mis herederos. Josué y yo te hemos amado con un amor eterno y con misericordia te hemos comprado. Tú eres nuestra y nosotros somos tuyos. Nuestro amor estará en ti para siempre."

Capítulo
trece

*ristiana estaba sola en la cámara nupcial, esperando a Josué.
El compromiso matrimonial estaba a punto de consumarse. Ella observó
su cama, cubierta de sedas. No habían colocado ninguna tela sobre
la cama para comprobar su virginidad, porque Josué lo había prohibido.
De todos modos, si lo hubiera pedido, hubiera sido inútil, pensó. Su
corazón palpitaba dentro de su pecho.*

El aroma de especias y perfumes exóticos atravesaba las cobijas.
Sobre la cama estaba la *jupá*, el mismo toldo debajo del cual habían
comido durante el festejo de la boda. Magnífico parecía ser una
palabra demasiado inadecuada para describir todo lo que sus ojos
podían contemplar. Era una palabra que parecía ser demasiado
pequeña, ante la presencia de tanta opulencia y grandiosidad. Sin
embargo, en ese momento, Cristiana hubiera vendido todo, todo
menos a Josué, a cambio de una cosa. Oh, si sólo pudiera darle a
Josué el regalo de su virginidad.

*¡Oh, qué angustia, qué angustia! Muero de pena. Este es mi castigo!
¡Oh, Dios, qué amargo es! Cómo atraviesa mi corazón. Oh, Josué, Josué,
mi amado, tú ni siquiera lo sabes.*

Ahora no había lugar para las lágrimas. Habían sido reempla-
zadas por una angustia de corazón demasiado profunda para las
lágrimas, una angustia que la hería tan profundamente hasta
sentirse vacía de emociones. Ninguna lágrima podía ser el solaz
de su dolor, el bálsamo para el dolor de Galaad.

En unos instantes estaría desnuda y expuesta a la vista de Josué, y Cristiana sabía que debería contarle qué había hecho con su cuerpo.

¡Oh, Adonai, ya no me preocupo más por mí, sino por Josué! Oh, Dios mi Señor, cómo, cómo podré decirle que le he fallado respecto a amarlo con todo mi corazón, con toda mi mente, con toda mi alma, con todas mis fuerzas . . . ¿con todo mi cuerpo?

La puerta de la cámara nupcial se abrió en el momento en que Cristiana acababa de ponerse su camisón de seda. Cuando Josué entró en la alcoba, sus ojos no podían apartarse de los de él.

Oh, Josué, pensó, *magnífico, maravilloso, gloriosa perfección. ¿Cómo pude entregarme por menos? ¿Cómo pude entregarme a un diablo cuando un dios era mío?*

Tomando el rostro de ella entre sus manos, la miró con amor y su voz estaba llena de deleite.

"Toda tú eres hermosa, querida mía, y en ti no hay mancha."

Las palabras de Josué la hicieron estremecerse, como si una espada le hubiera atravesado el corazón. Luego la levantó en sus brazos y ella apoyó la cabeza sobre su poderoso pecho. *Tal vez nunca se dé cuenta, tal vez pueda ocultarlo.*

Mientras Josué conducía a Cristiana a través de la habitación, le murmuraba al oído: "Ven conmigo, esposa mía, has hecho que mi corazón palpite con más fuerza. Mi hermana, mi novia, has apresado mi corazón con uno de tus ojos, con una gargantilla de tu cuello." Suavemente, la recostó sobre las cobijas y mientras se alejaba para observarla, se sintió envuelto por puro deleite. "¡Cuán hermosos son tus amores, hermana, esposa mía. Cuánto mejores que el vino tus amores, y el olor de tus ungüentos que todas las especias aromáticas!"

Luego Josué se inclinó y por vez primera, la besó. El cielo y la tierra desaparecieron. Fueron atrapados por la eternidad. "Como panal de miel destilan tus labios, oh esposa; miel y leche hay debajo de tu lengua; y el olor de tus vestidos como el olor del Líbano."

Sus ojos la acariciaban, captando la esencia de su belleza. Mientras sus labios recorrían su rostro, Josué le suplicaba, murmurándole en sus oídos: "Huerto cerrado eres, hermana mía, esposa mía; fuente cerrada, fuente sellada." Hizo una pausa. "¿Puedo ingresar a mi huerto y comer su dulce fruta?"

Cristiana sabía que él esperaba su permiso. *Oh, Josué*, pensó Cristiana, *todo lo que tú deseas es lo que me complace. Mi placer es tu mayor preocupación. Qué diferente eres de quien violó tu huerto para su propio placer.* El pensamiento le trajo dolor. Un dolor intolerable. Cristiana cerró los ojos y se mordió los labios, pero no pudo contener el sollozo que provenía de lo profundo de su corazón.

En un instante, Josué estaba de rodillas junto a la cama. Poniendo ambas manos detrás de la espalda de Cristiana, la acercó a su pecho.

"Oh, Cristiana, Cristiana, lo siento mucho, mi amada. Cuánto lo siento" — dijo mientras la mecía tiernamente.

Cristiana sollozaba convulsivamente hasta que finalmente ya no le quedaron más lágrimas. Sintiéndose más aliviada, se dejó caer entre sus brazos. Cuando Josué habló, su voz sonaba entrecortada.

"Te amo, querida mía, mi hermana, mi esposa. Te amo. Siéntate, mírame, paloma mía."

Hasta ese momento, Cristiana no había pronunciado palabra. Sentada al borde de la cama, extendió sus manos para acariciar el rostro del hombre que estaba de rodillas ante ella.

— Josué, oh, Josué, cuánto he ansiado que llegara este día, este momento. Te amo, Josué. Te amo más ahora de lo que nunca te he amado. Te amo más que a la vida misma.

— Cristiana.

— Oh, Josué — gimió ella, agachando la cabeza —. Yo he . . . Josué le tapó la boca con sus manos.

— ¡Cristiana! Cristiana, mírame. Sé que me amas.

Sus palabras fueron pronunciadas deliberadamente, con firmeza.

— Y yo te amo incondicionalmente. Eres hueso de mis huesos, carne de mi carne. Nada . . . nada de tu pasado, nada de tu futuro . . . nada hará que deje de amarte como te amo.

"Te amo con un amor eterno. Entiendo tu angustia. Me duele tu dolor. Sólo lamento, Cristiana, por tu bien, amada mía, que no hayas esperado."

Las muchas aguas no podrán apagar el amor,
ni lo ahogarán los ríos.
Si diese el hombre
todos los bienes de su casa por este amor,
de cierto lo menospreciarían.
Pero he aquí
que yo te he amado
con un amor eterno.

Epílogo

ólo desearía, Cristiana, por tu bien, amada mía, que hubieras esperado."

Amado cristiano, algún día, muy pronto, la trompeta de Dios sonará de repente (1 Tesalonicenses 4:15-17), y tu Novio celestial, el Señor Jesucristo, vendrá a llevarte a la morada de su Padre (Juan 14:2-3).

Me doy cuenta de que a veces te sientes cansado de esperar y que en ocasiones te preguntas: "¿Dónde está la promesa de su advenimiento?" (2 Pedro 3:1-4). Pero este mismo Jesús, que ha sido tomado de vosotros al cielo, así vendrá por los que le esperan (Hechos 1:11; Hebreos 9:28). Y cuando Él venga, las bocas de los que se mofaron y burlaron serán calladas, y los que se excusaron y se negaron a asistir a la boda quedarán sin habla (Romanos 3:19; 1:20; Mateo 22:1-14). Habrá muchos que se encontrarán fuera por no estar preparados para su llegada (Mateo 25:1-13). Habrán creído una mentira del padre de las mentiras, del príncipe de este mundo, del que los hizo andar según el rumbo de este *kosmos*, y que, de haber podido, los hubiera mantenido cegados a la gloriosa verdad acerca del Amor de nuestra alma (Juan 8:44; 14:30; Efesios 2:2; 2 Corintios 4:4).

Alabado sea Dios, tu El Shaddai es rico en misericordia y, por su gran amor con que te amó (Efesios 2:4), por su gracia (Efesios 2:5), te llamó "amado" cuando no había nada qué amar en ti

(Romanos 9:25). Él te llamó cuando eras necio, débil, vil y menospreciado, y Él te dio a su Hijo, poniendo un corazón nuevo dentro de ti para que nunca te alejaras de Él (Ezequiel 36:26; Jeremías 32:40). Sólo en Él puedes jactarte (1 Corintios 1:26-31). Tú, que estabas alejado, que eras una extraño, un extranjero sin ciudadanía (Efesios 2:11-22), un enemigo de Dios (Romanos 5:10), fuiste elegido por Él (Juan 15:16) y desposado (2 Corintios 11:2) con su Hijo unigénito (Juan 3:16), para ser la novia de Cristo (Efesios 5:25-32). Como novia de Cristo, Dios te ha dado su gloria para que seas uno con Él (Juan 17:21-22).

¿Y cómo has llegado a este maravilloso matrimonio de amor? A través de su Palabra, de su Logos. Dios te ha escrito carta tras carta y te las ha enviado por medio de su Espíritu, quien te ha revelado las cosas que te serían dadas en abundancia (1 Corintios 2:9-13) si sólo lo recibieras a Él como tu Señor (Romanos 10:8-13).

Tal como lo hizo Abraham al enviar a su criado Eliezer (Génesis 15:2) a buscar una novia para Isaac (Génesis 24), Dios te condujo por medio de su Espíritu a su Hijo (Juan 6:44; 1 Corintios 12:13), para que seas hueso de sus huesos y carne de su carne (Génesis 2:23; Efesios 5:31), para no seas nunca abandonado (Hebreos 13:5), para que no seas nunca arrebatado de su mano (Juan 10:28-29), sino para que te conviertas en un heredero de Dios, y coheredero con Cristo (Romanos 8:17).

El matrimonio es seguro, pero la consumación de ese pacto matrimonial está aún por venir. Y aunque no hayas visto a tu Josué, a tu Jesús, aún lo amas (1 Pedro 1:8) y esperas su llegada (1 Tesalonicenses 1:10), preparando tu traje de bodas (Apocalipsis 19:8).

¿Cómo será ese día cuando lo veas cara a cara (1 Juan 3:2-3), cuando finalmente el matrimonio sea consumado (Apocalipsis 19:7)? ¿Te presentarás ante Jesucristo como una virgen casta (2 Corintios 11:2) vestida con lino fino, limpio y resplandeciente debido a tus acciones justas (Apocalipsis 19:8)? ¿O te alejarás avergonzada ante su llegada (1 Juan 2:28) porque has sido adúltera con este mundo, con este *kosmos* (Santiago 4:4)? ¿Te has dado cuenta de que, si bien Él te ama con un amor incondicional y eterno, aun así te desea celosamente para Él y sólo para Él (Santiago 4:5)?

Amado cristiano, Cristiana, este libro es un ruego, un ruego para la novia, el cuerpo de Jesucristo, para que se purifique como Él es puro. El mundo es muy tentador, pleno de seducciones y de placeres temporales. Pero recuerda que son temporales (2 Corintios 4:18; 2 Pedro 3:10-11). Los placeres del pecado duran muy poco (Hebreos 11:25). Cuando el diablo puede convencernos de que no tenemos que depender de Dios, cuando Satanás nos miente y comenzamos a dudar de la realidad del amor del Padre y del Hijo, cuando escuchamos el canto de sirenas del mundo y nos cansamos de leer las cartas de Él, entonces nos volvemos vulnerables a la seducción del mundo. Primero descubrimos que somos impuros, manchados por el mundo (Santiago 1:27), luego que somos amigos del mundo (Santiago 4:4), más tarde nos encontramos enredados en el mundo (2 Timoteo 2:4), después amando al mundo (1 Juan 2:15), hasta que finalmente sobreviene lo inevitable y cometemos adulterio . . . adulterio con el enemigo de Dios (Santiago 4:4).

¿Acaso nuestro El Shaddai, Dios el Padre, no ha sufrido lo suficiente por el comportamiento adúltero de su esposa, Israel (Ezequiel 6:9), cuando una y otra vez se prostituyó en cada monte alto y debajo de todo árbol frondoso (Jeremías 3:6)? ¿Seguiremos ahora los pasos de Israel y le traeremos dolor tras dolor al Padre mientras Él observa cómo la esposa de su hijo flirtea con el mundo?

El mundo y sus deseos, Cristiana, pasan (1 Juan 2:17). Tu Josué, Jesucristo, ha escrito: "He aquí yo vengo pronto, y mi galardón conmigo, para recompensar a cada uno según sea su obra" (Apocalipsis 22:12).

¿Cómo será cuando suene la trompeta y tu Novio celestial venga a buscarte para sí, cuando el Rey te lleve a sus cámaras (Cantar de los Cantares 1:4)?

Recuerda que Él te ama con un amor eterno (Jeremías 31:3).

"Sé fiel hasta la muerte" (Apocalipsis 2:10).